괜찮아
두려워하지 말고
걸어가봐

## 괜찮아 두려워하지 말고 걸어가봐
오늘은 꿈꾸고 내일은 걸어가는

**초판 1쇄 인쇄** 2024년 6월 5일
**초판 1쇄 발행** 2024년 6월 15일

**지은이** 윤정희

**발행인** 양인석
**발행처** 생각의 지도
**주 소** 04775 서울시 성동구 둘레9길 10, 상원빌딩 4층 (성수동2가)
**대표전화** 02-464-4036　**이메일** themindmapkorea@gmail.com

ⓒ 윤정희, 2024

**ISBN** 979-11-969457-5-6 (03810)

※ 이 책은 생각의 지도와 저작권자의 계약에 따라 발행한 것으로 본사의 허락 없이는 무단 전재와 복제를 금하며, 이 책 내용의 전부 또는 일부를 사용하려면 반드시 저작권자와 생각의 지도의 서면 동의를 받아야 합니다.

오늘은 꿈꾸고 ❀ 내일은 걸어가는

# 괜찮아
# 두려워하지 말고
# 걸어가봐

윤정희 에세이

생각의 지도

프롤로그

    조용하고 한적한 거리를 걷다 보면 내가 살아 숨 쉬고 있음을 알게 된다. 언제부터인가 잡초와 작은 벌레 소리가 들리는 곳이 나의 안식처가 되었다. 모자와 물을 챙기고 아파트 옆 산책로로 나왔다. 작은 풀꽃들을 바라보며 걷다가 햇살을 마주하고 작은 벤치 자리에 앉아 앞날을 생각한다.

    잘 살고 있는 것일까? 왜 이렇게 불안하지? 언제쯤 편안해질까?

    40대, 안정과 변화를 택해야 하는 순간이 찾아왔다. 결혼과 자녀 출산을 계기로 일과 육아를 만족스럽게 병행하며 살아가기 힘들게 되었다. 그 과정에 상실감과 허무감이 찾아오고, 자녀를 양육하는 것의 어려움과 한계점을 발견하게 된다. 자녀에게 집중하다 보면 자신을 잃어버리게 되고, 직장을 다니고 일에 집중할수록 자녀나 가정에 신경을 쓰지 못해서 죄책감이 생긴다. 전업주부의 삶, 직장인 엄마의 삶 중 어느 하나에 매진하는 것만이 정답은 아니지만, 매일 최선을 다해 나의 길을 걷고 있어도 부족한 것만 느끼게 된다. 엄마로 살아가는 이들에게는 특히 미래가 끊임없는 걱정거리로 다가온다. 자녀가 점점 커갈수록 더 좋은 학군, 좋은 환경에서 키워 보고 싶은 마음이 생긴다. 이러한 현실이 자신을 더 초라하게 만든다. 어쩌면 당연한지 모르겠다. 자신을 돌보기도 힘든데, 어린 자녀를 책임지고 살아간다는 것은 두렵고 버겁다.

  두 딸은 나를 찾아온 유일한 선물이자 행복이다. 하지만 이런 사랑스러운 존재가 자주 엄마를 힘들게 한다. 매일 체력과 정신은 방전이 된다. 10년을 그렇게 살다 보니, 다음 내일을 대비하는 것보다 당장 오늘 하루를 어떻게 보내느냐에 더 집중한다. 반복되는 일상에서 벗어나고 싶은 마음에 미래를 생각하게 된다. 점점 더 좋은 학군과 환경을 찾아간다. 이사를 한다고 모든 것이 해결되는 것은 아니다. 과연 아이들의 행복은 무엇이며, 우리 가족이 추구하는 것이 무엇인가? 분명 열심히 살고 있지만 왜 이렇게 답답하고 불안하고 시련들이 찾아오는지 알 수가 없었다. 딸들은 우리 세대가 살아온 것보다 더 열심히 살고 있었다. 아침 일찍 일어나 학교에 가고, 하교 후에는 매일 학원에 간다. 또래 친구들을 만나기 위해서는 어딘가는 다녀야 한다. 혹

독한 경쟁 사회를 살아가는 젊은 대학생들이나 취업 준비생들을 보면 훗날 우리 아이들의 모습이 아닐지 싶다. 미래의 꿈을 위해 살아야 할 시간에 현실에 타협하여 사회가 규정한 해야 할 것들을 억지로 하고 있다.

무엇을 위해 그렇게 열심히 해야 하는 것일까? 그렇다고 미래의 삶이 달라질까? 모두가 원하는 행복한 삶을 살기 위해 살고는 있지만 점점 지치고 힘들어한다. 학년이 올라갈수록 영어, 수학, 운동, 악기 등 다녀야 하는 학원의 수만 늘어 가고 있었다. 악기와 운동을 잘하지 못해도 충분히 자신이 좋아하는 것을 할 수 있다. 하지만 모든 것을 경험하고 배워야 하니 돈과 시간의 여유가 줄어들고 있다. 무엇보다 딸들이 지쳐 있었다.

온 종일 아이들에게 집중하다보니 아이들 성적이나 기분에 따라 나의 감정과 기분도 달라졌다. 예민함과 걱정이 하늘을 찌르게 되었다. 더군다나 아이들을 돌보고, 가르치고, 책임져야 하는 당연한 의무가 한없이 힘들었다. 아이들이 점점 더 커갈수록 해방이 되고 나의 일도 작아질 줄 알았지만 그렇지 않았다. 자녀가 어릴 때는 안전과 성장에 집중하였다면 초등학교에 갈수록 아이들의 교우 관계와 인성, 교육에 중점을 두게 되었다. 자녀가 바르게 자라고 있는지 하루에도 몇 번씩 살펴보고 지켜보게 되었다. 이런 부모 밑에서 살아가는 아이들도 숨이 막힐 것 같았다.

한때 나는 지혜롭고 멋진 엄마로 살아가길 꿈꾸었다. 아이들과 일상을 이야기하고 미래를 꿈꾸며 맛있는 것도 함께 나눠 먹으며 지내길 바랐다. 이런 소소하고 평범한 생활을 하고 있음에도 무엇인가 만족스럽지 않고 계속 불안하고 답답했다. 세상은 그렇게 아름답고 안전한 곳만은 아니었다. 집 앞 놀이터에 나가는데도 항상 안전할지 걱정이 되었다. 어릴 적 동네에서 친구들과 해가 질 때까지 놀고 들어올 수 있었을 때를 생각하니 딸들은 더 불쌍해 보였다. 딸들이 튼튼한 울타리를 치고 안전한 곳에서 살길 바라지만 언제까지 그럴 수는 없는 법이다.

우리 부부는 여러 가지 이유로 이곳을 떠나 새로운 곳에서 살기로 마음을 먹었다. 내가 미국에서 짧게 생활해 보지 않았다면 외국에서 살겠다는 생각을 하지 못했을 것이다. 내가 경험한 미국은 아이들이 행복하고 어디를 가든지 환영을 받는 곳이었다. 무엇보다 캘리포니아의 날씨는 햇살이 눈부시고 깨끗하고 밝아서 더 이상 나에게도 우울감이나 정신적으로 힘든 것이 오지 않을 것 같았다. 지금도 병마와 공존하며 살아가고 있기에 새로운 곳에 이사하고 살아가야 하는 것에 많은 용기가 필요하였다. 남편 역시 좋은 직장을 그만두고 처음부터 한다는 것이 벅차고 힘들긴 마찬가지였다. 외국으로 이주하는 삶에는 상상 이상의 많은 일들이 기다리고 있을 것이다. 하지만 우리는 더 나이가 들기 전에 시행해야 할 것 같았다. 지금 아니면 이주를 단행하기 현실적으로 어려워지고 무엇보다 용기가 나지 않을 것 같아서 이민을 서둘러 진행하기로 했다.

 넓은 세상에서 의미 있는 하루를 채워 가고 싶은 욕망으로 변화를 택한 것이었다. 긴 준비 과정 속에서 드디어 첫발을 내딛게 되었다. 감사하게도 우리가 바라던 미국 캘리포니아로 떠날 수가 있었다. 아이들과 나는 영어를 못하기에 미국 생활에 장애가 많을 것이라고 생각했다. 하지만 장벽을 생각하기 전에, 좋은 점만 생각하기로 했다. 오랜 시간 동안 이민을 준비해서인지 막연한 기대감이나 환상은 없었다. 우리 가족은 낯선 세상에서 서로 의존하며 살아가고 있다. 딸들이 학교생활에 적응하면서 시간 여유가 생길수록, 나의 삶에 대해 생각하게 된다. 안정된 삶을 버리고 새로운 모험을 선택하는 것이 맞는지 누구나 혼란스러운 법이다. 그러나 나는 우리의 선택에 후회하지 않는다.

 새로운 변화를 주고 싶은 사람이 있다면 변화에 도전을 하고 무언가 새로운 것을 배우기를 권하고 싶다. 더 늦기 전에, 작은 용기라도 있을 때 도전하며, 후회하지 않길 바란다. 나를 잊어버리지 않고 엄마로 살아가는 이들에게 도전을 멈추지 않기를 바란다. 새로운 터전으로 옮기거나 변화에 도전하는 것을 두려워하지 않았으면 한다. 어떤 삶이든 적응은 하게 되어 있으니, 작은 용기가 있을 때 힘을 내어 보길 바란다. 적응 과정은 힘든 만큼 거기서 얻는 것도 많다. 막상 행동하고 살아가면 많은 것을 이루는 자신을 발견하게 된다. 익숙한 곳이 아닌 새로운 곳을 경험하고 싶은 이들에게 용기를 내어 보라고 다시 말하고 싶다. 현실이 답답하고 막막할 때 환경을 바꾸어 보는 것은 어떨까? 자신이 생각한 것보다 많은 일들을 스스로 할 수 있다는 것을 알게 될 것이다. 어쩌면 20대의 호기심과 모험심을 되찾을 수도 있다. 혹시 아는가? 50대를 맞아 새롭고 매력적인 일에 열중하게 될지도 모른다. 두려워하지 말고 일단 걸어보자. 분명 시간이 자신을 안내해 줄 것이다.

( 차례 )

프롤로그 ○ 4

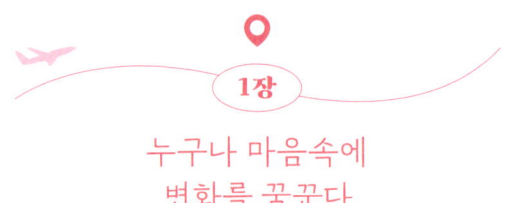

## 1장

### 누구나 마음속에 변화를 꿈꾼다

엄마로 살아간다는 것은 생각보다 힘들다 ○ 17

아이를 통하여 어른 엄마로 되어간다 ○ 21

언젠가 꿈은 이루어진다 ○ 25

내 길은 내가 선택한다 ○ 29

이곳이 아니라 다른 곳으로 가보자 ○ 32

좋고 나쁜 일들은 돌고 돈다 ○ 40

시련과 불행만 있으라는 법이 없다 ○ 45

예상 밖의 일들은 일어나기 마련이다 ○ 51

안 될 일은 되게 만들면 된다 ○ 58

떠나지 않으면 새로운 것을 볼 수 없다 ○ 63

## 2장

## 변화가 두려운 것이 아니라 변화하지 않는 내가 더 두렵다

시작은 늘 바쁘다 ◦ 71

시작은 설렘과 긴장을 동반한다 ◦ 76

좋은 일만 있으면 좋겠지만 가끔 고통을 준다 ◦ 82

항상 좋은 것만 따라갈 수 없다 ◦ 88

사람 사귀는 것 – 아이는 부모를 따라 배운다 ◦ 93

각자의 위치에서 생존하는 법을 배우다 ◦ 97

도대체 어떤 엄마가 되고 싶은 거야 ◦ 103

단조로운 일상에 의미를 부여하다 ◦ 108

환경이 바뀌었다고 모든 것이 바뀌지 않는다 ◦ 114

아이들은 부모가 믿는 만큼 성장한다 ◦ 118

친구를 만들어 주지 말고 친구가 되어라 ◦ 124

## 3장

# 일단 행동하면 변화가 시작된다

사람은 다른 사람으로 잊혀진다 ◦ 131

혼자가 아니라 함께여서 다행이다 ◦ 135

하고 싶으면 부딪쳐야 한다 ◦ 141

때로는 휴식이 필요하다 ◦ 145

당연한 것에 의미를 두지 않는다 ◦ 148

어른도 칭찬과 격려가 필요하다 ◦ 153

꿈은 꾸라고 있는 것이다 ◦ 159

나는 나의 길로 걸어가고 싶다 ◦ 164

이젠 나를 돌보고 싶다 ◦ 168

마흔, 잃어버린 나를 찾아 가다 ◦ 173

## 4장

### 변화의 고통은 복리의 성장으로 이끈다

처음이지만 하다 보면 익숙해진다 ◦ 179

작은 용기가 변화를 일으킨다 ◦ 185

시간은 흐르기 마련이다 ◦ 188

성장통이 있어야 성장한다 ◦ 195

나도 몰랐던 내 남자의 이야기 ◦ 202

내가 안다고 착각했던 내 딸의 이야기 ◦ 210

오전의 두 시간이 나를 변하게 만든다 ◦ 215

에필로그 ◦ 220

인생은 자전거를 타는 것과 같다.
균형을 잡으려면 움직여야 한다.
_ 알버트 아인슈타인

## 1장

## 누구나 마음속에
## 변화를 꿈꾼다

# 엄마로 살아간다는 것은 생각보다 힘들다

부모님의 모습을 보고 자랐고, 이제는 아이들이 우리들의 모습을 보고 커가고 있다. 나로 인하여 아이들이 세상을 배워 가고 있다. 놀이터에서 놀고 있는 아이들을 만나면 예의 바르고 밝고 상냥한 친구가 간혹 보인다.

'어쩜! 저렇게 예쁘게 자랐을까? 아이의 부모님은 어떻게 육아했을까?'

자녀의 행동과 말을 보면 부모님의 행동과 교육관을 간접적으로 알게 된다. 우리 부모님은 항상 부지런하셨다. 바쁜 와중에도 살뜰히 음식을 만들어 주위 사람들에게 나누어 주셨다. 우리가 자신의 길을 잘 걷고 행복하기를 응원해 주신다. 부모님의 평소 행동과 자주 하시는 말들이 자연스럽게 부모로서의 나의 모습, 어른으로서 마땅히 해야 할 행동, 타인을 배려하는 태도가 되었다.

과연 자녀에게 비치는 나의 모습은 어떠할까? 딸들과 함께 있으면 최대한 침대보다는 의자에 앉아 있고 휴대전화 사용도 자제한다. 하지만 혼자만의 시간을 갖고 싶을 때는 방으로 향해 휴식을 취한다. 아무래도 흐트러진 모습을 아이들에게 보여 주기 싫어서이다. 밀린 설거지와 청소, 빨래를 아이들이 있을 때 하게 되는데, 가만히 있는 모습보다는 움직이는 모습을 보여주고 싶기 때문이다. 열심히 하는 모습이 정답이고 엄마의 모습이라고 생각한다.

큰딸 반에서 학부모 일일 교사를 하였다. 그날 수업을 마치고 학급 친구들이 딸에게 나에 대해 많이 물었다고 한다. 딸은 내가 과학자, 심리 상담가, 공부방 선생님, 과학 실험 선생님, 방과 후 선생님이며, 요즘 말하는 N-잡러라고 설명했다고 했다. 사실 육아와 잦은 이사로 인해 가장 길게 일한 적이 2년뿐이다. 부끄럽지만 꾸준한 직업 생활을 했다고 할 수가 없다. 그 후 잠깐씩 기회가 생길 때마다 과학 실험 선생님, 공부방, 보드 게임 강사, 일반 화학 강사, 글 쓰는 작가를 하다 보니 많은 직업을 가지게 되었다. 한곳에서 계속할 수 없었기에 당연한 결과이다. 학문이나 일의 깊이가 깊지 않지만 살아가는 데 필요한 정도는 하고 있었다.

딸들이 "엄마가 많은 걸 했다는 게 신기해!"라고 말해 주었을 때, 그래도 아이들 눈에는 뭔가 하는 사람으로 비쳐서 다행이었다.

아이들이 태어나기 전 분명, 엄마의 역할에 대해 많은 정의를 세워 두었다. 어쩌면 항상 나에게 등대 같은 역할을 하신 친정엄마처럼 보이고 싶기도 했고, 서진규 박사처럼 시련을 극복하고도 끊임없이 도전하며 누군가에게 희망의 증거가 되는 그런 존재가 되고 싶었다. 무엇을 거울로 삼고 살아가야 하는가? 자녀에게 어떤 거울이 되고 싶은가? 나름대로 열심히 자신의 삶을 살아가는 사람이고 싶다.

먼저 완벽하게 아이들을 양육해야 하고 항상 직접 만든 음식을 먹여야 한다는 책임감에서 벗어나야 할 것 같다. 좋은 부모의 조건, 부모가 해야 할 일들은 우리 사회가 만들어 낸 것이다. 어떤 유튜버는 헝클어진 머리와 화장기 없는 얼굴로 아이들에게 진솔하게 이야기한다. 그 모습은 결코 준비가 덜 된 상태로 보이지 않는다. 그녀의 진정성과 성실함이 보이기 때문이다. 바로 자신을 사랑하고 아끼는 마음이 있으면 어떤 모습을 하고 있을지라도 아름답게 보인다.

자녀에게 억지로 꾸미지 않고 부족하면 부족한 대로 진실하게 다가간다면 아이들도 완벽함을 추구하기보다 현재 있는 자신을 사랑하고 타인을 대할 때도 배려심이 가득한 사람으로 성장할 수 있을 것이다. 우리는 현재 자리 잡고 있는 곳에서 행복하고 만족한 삶을 살기 위해 노력한다. 그러나 결코 쉽지 않다. 목표가 성취되면 곧 공허함이 찾아오고, 또 다른 목표를 이루기 위해 매진해야 하는, 불만족스러운 시간이 지속된다.

또한 누구에게든 시련은 오기 마련이다. 시련이 오는 것을 막기는 어렵다. 딸에게 어떤 시련이 오더라도 받아들이고 일어서는 법을 가르치고 싶다. 나에게 닥친 시련을 극복하는 과정을 딸들이 지켜보게 될 것이고, 그러면서 아이들은 자연스럽게 삶의 지혜를 습득하게 될 것이다. 과연 내가 잘하는 것일까? 하루에도 몇 번씩 생각한다. 나를 일으키는 법을 배우기 위해 노력을 한다. 나는 힘들고, 지치고, 길을 잃었을 때 자신부터 돌본다. 그러면 길이 보이고, 앞으로 나아갈 힘도 생긴다. 이 모습을 또한 아이들은 보고 있을 것이다.

# 아이를 통하여
# 어른 엄마로 되어간다

 서늘한 가을바람이 불어오고 현장 체험 학습을 가는 날이 다가왔다. 학년별로 소풍을 가기에 두 딸을 위해 도시락을 두 번 준비해야 한다. 먼저 1학년인 둘째의 소풍날이라 김밥을 말고 과일과 간식을 함께 도시락에 담았다. 저학년일수록 예쁘게 도시락을 싸주면 좋다기에 사진을 보며 어설프게 따라만 한다. 처음 가는 초등학교 소풍이기에 얼마나 설레고 좋을지 상상이 되었다. 도시락과 간식을 가방에 챙겨 주고 학교에 데려다주는데, 모든 아이들이 신나 보였다.

 다음 주 월요일은 첫째의 소풍날이다. 4학년은 조 모임으로 미션을 받았다고 한다. 학교 수업을 마치고 돌아오는 첫째가 갑자기 현장 체험 학습을 가기 싫다고 한다. 같은 조의 친구들이 마음에 들지 않는 이유였다. 지금은 친구가 제일 중요한 시기이기에 딸의 마음을 이해한다. 그렇다고 그 이유로 안 갈 수는 없는 일, 세상엔 원하지 않더라도 일을 해야 하는 경우가 있다는 것을 알려주었다. 막상 다녀와 보면 좋은 일도 있을 것이라고 설명했다. 다행히도 소풍을 다녀오는 발걸음은 가벼워 보였고 그녀는 남은 간식들을 꺼내어 먹었다.

그날 첫째는 저녁이 되고선 머리가 아프다며 진통제를 달라고 했다. 약을 먹고 침대에 누워 영상을 보더니 나더러 옆에 와서 누워 달라고 한다. 첫째의 목에는 애착 애벌레 인형이 감겨 있었고, 아파서인지 더 어린아이가 되는 것 같았다. 이제 사춘기가 될 준비를 하는 시기라고 생각했지만, 여전히 엄마의 따뜻한 온기를 느끼고 싶은 어린 아기였다.

자녀가 아프면 그 아픔을 대신하고 싶은 게 부모의 마음이라고 했다. 사실 나는 내가 아픈 것보다 아이가 아픈 게 더 낫다고 생각했다. 내가 아프지 않아야 밥도 챙겨주고 보살펴 줄 수 있기 때문이다. 그 일이 있기 전까진 그랬다.

첫째가 초등 1학년, 깊은 밤, 몸살감기로 기침과 고열이 나고 있을 때 비상약을 주었다. 먹이고 난 후 자세히 읽어 보니 '12세

미만은 복용 금지'라고 명시되어 있었다. 세상이 노랗게 변하는 느낌이었다. 서둘러 24시간 하는 약국에 전화를 걸어 상황을 설명했다. "호흡곤란이나 이상이 있으면 응급실에 가라"고 하셨다. 이러다 큰일이 날까 봐 다음 날 아침 병원을 열기 전까지 뜬 눈으로 벌벌 떨고 있었다. 하필 남편은 주말에나 오기로 되어 있어서 그날 밤은 길고도 무서웠다. 약을 먹이고 나서 별다른 부작용이 없었고 의사 선생님도 걱정할 필요가 없다고 하셨다. 그 후로 첫째가 아프면 나는 같이 덩달아 긴장하고 나을 때까지 예민해져 있다.

하루는 첫째가 하교 후 배고프다며 만두를 급하게 먹었다. 그날 밤 급체를 하여 음식을 토하고 열이 나기 시작했다. 심한 급체를 처음 경험한 첫째는 공포감이 밀려왔는지 밥 먹는 것을 거부하였다. 내과에 가서 진료해도 아무런 이상도 없었고, 근처 한의원에 가서 침을 맞고, 뜸을 뜨고 소화액을 받아왔다. 의사 선생님은 그 약이 마법의 약이라며 조금씩 짜 먹으라고 이야기 하셨다. 아무래도 불안한 심리 때문에 음식을 거부하고 있었던 것이다. 마른 체형인데 점점 더 말라가는 것이 보였다. 2주가 지나고 나서야 음식을 조금씩 나누어 먹었다. 그것을 지켜보던 나도 덩달아 살이 3kg이 빠졌다. 그렇게도 다이어트를 해도 빠지지 않던 살들이 빠지는 순간이었다. 첫째가 밥을 먹기 시작하면서 나도 같이 먹기 시작하게 되었다. 첫째는 그날 이후로 밥을 급하게 먹지 않고 조금씩 자주 먹는다.

'내가 아픈 게 더 낫지! 아이가 아픈 것보다 엄마가 아픈 게 나아!' 이 말을 이제야 이해하게 된 것이다.

첫째가 태어나고 나서 생각해 오던 계획, 세상이 바뀌었다. 지구가 태양 중심으로 돌다가 이탈하여 새로운 공전 주기를 가지는 느낌이다. 아이가 커가면서 울타리를 넓히는데, 커가는 속도를 따라가지 못할 때가 많다. 세상이 생각보다 안전하고 아름다운 곳만은 아니란 걸 알기 때문이다. 친정 엄마는 4남매를 키우면서 가슴 아픈 일이 얼마나 많았을까? 열이 나는 나를 업고 시골 동네에서 걸어 의사 선생님을 찾아갈 때 심정이 어땠을까?

부족한 엄마이기에 많은 걸 다해 줄 수 없다. 아이가 힘든 걸 뻔히 알면서, 자갈길과 가시밭길을 걷게 둔다. 곁에서 응원하고 지켜보는 것이 엄마의 역할이다. 뒤에서 엄마는 안타깝고 속상한 마음에 속으로 울고 있을 것이다. 그렇게 커가는 자녀의 모습을 또 지켜보며 엄마 역시 어른 엄마가 되어 간다.

## 언젠가 꿈은 이루어진다

 

꿈은 우리가 앞으로 나갈 수 있게 방향을 제시한다. 그래서 우리는 꿈을 꾸길 반복한다. 드디어 나에게도 꿈이 현실이 되는 순간이 다가왔다. 칠판에 서둘러 수업 자료를 띄우고 교실 앞 마이크를 켜고 책상에 기대어 서서 자기 소개를 했다. 이 짜릿한 순간을 그동안 얼마나 기다렸던가! 신소재 공학과 1학년, 일반 화학 강의는 대학 화학의 기초, 제5판, 팀버레이크저로 진행한다고 알렸다. 그동안 진행했던 연구를 간략하게 소개하였다. 이어서 강의 계획서, 수업 관련 공지, 신소재 공학과 관련된 직업들을 소개했다.

학생들에게 진정 알리고 싶었던 것은 지금부터였다. 이공 계열 출신들은 어떤 길을 걷는지 알려주고 싶었다. 대전이란 이곳은 박사, 연구원들이 밀집된 곳이기에 많은 학생들이 이러한 과정을 알고 있을 것이라고 생각했다. 일반적으로 대학교 4학년 때 휴학을 하고 공무원 시험을 준비하거나 졸업 후 회사 취업을 한다. 석사 과정에는 자신이 박사 과정을 밟을 것인지 멈출 것인지 스스로 판단하는 시기가 바로 이때다. 진학을 원하면 박사 과정 4년을 마치고 회사 취업, 사업, 국가 연구소에서 연구를 시작한다. 박사 후 과정 2~3년의 후에는 연구소나 대학교수의 길로 걷게 된다. 물론 다양한 길도 많지만, 학문과 관련된 직업에 관해 한정 지은 것이다. 각 연구 분야와 연구 환경, 개인 능력에 따라 편차가 있을 수 있다.

다음으로 먼저 길을 걸은 이공계 대학생(화학자)으로서 조언을 하였다. 대학교 저학년 때는 정신적, 금전적으로 부모님으로부터 독립하고, 학기 중에는 학습 위주로, 방학 때는 여행이나 체험 위주로 생활을 꾸려 가길 권했다. 인턴, 아르바이트도 추천했다. 나이에 맞춰, 시간에 끌려 다니지 않기를 조언했다. 대학교 고학년이 되었을 때는 하고 싶은 일, 할 수 있는 일을 파악하고 진로 선택하기를 장려했다. 학생들은 나의 말을 조용히 들어 주었고, 수업 진행과 과제, 수업 평가에 대한 것을 설명하고 연이어 1장으로 수업이 진행되었다.

그렇게 나의 첫 무대는 마무리가 되었다.

지식을 전달하는 것에는 완벽한 준비가 필요했다. 책의 오타를 찾고, 내용을 숙지하기까지 나의 긴장도는 최고치를 향하고 있었다. 하지만 나의 몸은 그 한계치를 받아주기에 준비가 되지 않았다. 왜 하필 이때였을까? 공황 발작 증세가 다시 찾아왔다. 그동안 약과 정신력으로 버티고 있었는데, 꿈에 그리던 일을 하는 동안 증상은 더 심해졌다. 2주 동안 5일의 수업을 마지막으로 마침표를 찍었다.

간신히 택시를 타고 출근하고, 교탁에 기대어 수업하였는데, 시간이 지날수록 울렁거리는 시선과 떨리는 심장을 진정시키지 못했다. 건강상의 이유로 사직서를 제출하고 학과장 선생님께 인사를 드리고 학과 사무실에 서류를 내려고 기다리는 동안 참았던 눈물이 쏟아지고 말았다. 학생들에게 더 좋은 교육을 위해서는 내가 욕심을 내면 안 되는 것이었다. 수강생들에게 마지막 인사도 하지 못하고 떠났다. 갑자기 떠나가 버렸기에 학생들 한 명 한 명에게 미안하다고 말하고 싶었다. 나를 기억하고 있을 사람이 혹시 있다면 따뜻한 밥 한 끼를 사 주고 사죄하고 싶다.

나의 꿈은 대학 교정에서 화학이란 학문을 학생들을 가르치는 강의 중점 교수였다. 짧은 2주간의 꿈의 현실이 종결되고 나의 통장에는 87만 원 대학 강사료가 찍혔다.

우리 때는 대도시 좋은 환경에서 공부에 매진한 사람은 물론, 시골에서도 열심히 하면 좋은 학교, 좋은 직장을 가질 수 있었다. 그래서 결핍을 동력 삼아 희망을 품고 학업에 열중하는 사람도 많았다. 나 또한 시골 출신이고, 집안이 풍족하지 않았기에 꿈을 희망삼아 살아올 수 있었다. 하지만 그런 꿈이 순간 사라져 버렸다. 사람들은 꿈이 사라지면 절망에 빠지게 된다. 나 역시 깊은 절망의 늪에 빠지게 되었다. 그 늪에서 빠져나오려 하지만, 마음껏 꿈을 피워 보지 못한 아쉬움과 미련에 사로잡혀 있었다. 많은 일들을 시도하고 경험하고 있지만, 여전히 목마름은 해소되지 않는다.

꿈이 사라지면 다른 꿈을 세우면 되지만 꿈을 새로 찾기까지는 많은 시간과 노력이 필요하다. 어떤 이유로 자신의 꿈을 접고 앞을 향해 달려가야 하는 순간들이 찾아온다. 하지만 제대로 해 보지 못하고 접어 버려야 했던 일들을 추억으로만 남기기 싫어 발버둥 치고 있다. 아이가 커 가고 자립을 할 때가 오면 가슴 속 접어둔 꿈을 펼칠 날이 올 것이라 확신한다. 어떠한 어려움에도 불구하고, 꿈이란 이루라고 있는 것이다. 짧고도 달콤했던 나의 꿈, 그래도 현실이 된 순간이 있었기에 잠시 꺼내어 추억해 본다. 이런 한여름 밤의 꿈이 또 일어날 순간이 있을까?

# 내 길은
# 내가 선택한다

　학창 시절에는 이공계 여학생들의 미래 삶이 궁금했다. 주위 분이나 책을 통해서도 정보를 얻기는 어려웠다. 나는 여성 과학자의 길이란 어떠하며, 어떤 과정을 밟게 되는지, 그 속에서 겪는 실질적인 경험이 무엇인지 궁금했다. 훗날 여성 과학자가 되면 이공계 학생들에게 연구자의 길에 대해서 알려 주고 싶었다. 요즘 미디어나 매스컴에 통해 알려진 정보들이 많지만, 정보가 한정적이거나 미화되기도 한다. 그러므로 실질적인 정보를 얻기에는 어려움이 있어 그 분야에 속해 있는 사람이 최고의 안내자라고 생각한다.

　특히 대학교수나 전문 연구원은 이공계 학생들에게 앞으로의 길을 안내할 수 있는 최고의 안내자다. 여성 과학자의 안내자 역할을 소개하기엔 나는 실질적 경험과 경력이 부족한 것을 잘 알고 있다. 누구나 알 만한 유명한 사람도 아니고 화려한 경력을 가지지도 못했기에 대단한 설득력을 갖고 있지 못하다. 결혼과 출산으로 인한 경력 단절로 여성 과학자의 길이 멀어져 버렸다. 그 길로 돌아갈 수 없기에 이젠 안내자가 될 자격이 없다고 생각했다.

안타깝게도 많은 시간이 흐른 뒤에야 알게 되었다. 비록 전문직을 가지지 않더라도, 내가 만나고 싶은 이들과 글로 만날 수 있음을 이제 서야 알게 되었다. 실제 여성 과학자에서 엄마로 살아가는 길은 어떠한지 의문이 생기는 이들에게 조금이나마 알려 주고 싶다.

엄마라는 이름으로 세상을 살아가지만, 여전히 나를 찾고 싶은 맘은 더 간절해진다. 엄마가 되었다고 내가 없어지는 것이 아니다. 아이들 위주의 삶과 엄마 자신의 삶에서 균형 잡기 위해 매일 방법을 찾아가고 있다. 이 과정을 글로 적고 새로운 세상에 적응해 가는 과정을 그리고 싶다. 나는 딸들의 성장 과정뿐만 아니라 엄마의 성장 과정을 함께 기록하면서 어린 엄마에서 어른 엄마로 커 가는 과정을 보여 주고 있다. 하루하루 지내다 보면 사라질 일들이 글로 태어난다.

처음에는 책을 읽고 나서 생각을 적기 시작했다. 블로그에 일상 이야기를 적으면서 공동 저자로 몇 권의 책을 출간하였다. 글이란 것은 쓸수록 적고 싶은 중독성을 가진다. 타인의 글을 보고, 생각을 나누다 보면, 나의 이야기를 하고 싶어진다. 나는 독서광도 아니고 글짓기, 문학상을 받아 본 적도 없다. 그러나 글을 쓰다 보면 마음의 상처가 치유된다. 자신 생각을 정리하고, 글로 남김으로써 정말 열심히 살고 있는 자신을 발견하게 된다. 마침내 스스로에게 칭찬하고 위로도 해준다. 글을 통하여 나에게 하고 싶은 이야기를 하고 있다.

그리하여 나는 지금 글을 쓰고 나를 미래로 이끌고 있다.

# 이곳이 아니라
# 다른 곳으로 가보자

 

2017년 첫째가 5살이 되던 해, 2년간의 미국 생활을 마무리 짓고, 2달 된 둘째를 안고 고국으로 돌아왔다. 찬 공기가 가득한 방으로 들어가 서둘러 보일러 온도를 올렸다. 우리가 자리 잡은 곳은 대전의 회사 사택이었다. 따뜻한 캘리포니아에서 왔기에 그 겨울은 더 춥게 느껴졌다. 첫째가 다닐 영어 유치원부터 알아보았다. 우리 부부는 다른 것은 아껴도 아이 영어만큼은 멈출 수가 없었다. 우리는 영어를 잘하지 못해서 여러 기회를 안타깝게 놓친 경험이 있다. 그래서 아이에게만큼은 영어가 자기 삶에 걸림돌이 되길 바라지 않길 바랐다.

나는 둘째를 출산하기 전부터 한국으로 돌아가서 할 일을 찾고 있었다. 연구 단장님께서 서류를 검토하고 전화로 인터뷰를 요청하셨다. 마침내 국가 연구소에서 연구 위원으로 일을 할 수 있는 길이 열렸다. 아이들이 한국에서 적응하기도 전에 나는 새로운 일터로 향하게 되었다. 긴 경력 단절이 끝나는 순간이었다. 그렇게 우리의 한국 생활이 또다시 시작되었다. 신생아 둘째를 봐줄 아주머니를 급하게 구하였고 순조롭게 정착 진행이 되었다. 한국의 생활은 미국에서의 박사 후 과정과 달리 돈과 집 걱정 없이 살 수 있을 것 같은 희망이 보였다. 어느덧 네 식구가 똘똘 뭉쳐 지낼 날들이 기대되었다.

어떤 이유일까? 미국의 짧은 2년 정도의 생활이 자주 생각이 났다. 파란 하늘과 맑은 공기, 친절한 이웃들, 아파트 단지 안의 나무 그늘이 떠올랐다. 그 당시 남편은 학업의 부담과 경제적으로 어려움이 커서 당장 한국으로 돌아가고 싶은 마음이 더 컸던 모양이다. 나는 미국이 아이를 키우고 우리가 살아가기는 더 좋은 곳이라 생각하였다. 특히 그곳의 아이들은 어디를 가더라도 관심을 받고 배려를 받았다. 적어도 우리가 살아온 그곳은 아이들이 최우선시 되고, 아이들을 위한 이벤트가 많은 곳이었다. 한동안 미국의 생활이 그리웠다.

그리움도 잠시 사택의 삶이 흥미로워졌다. 남편들은 직장이 같아 조심스러웠지만, 아내들은 생활이 비슷하고 공통점도 많기에 금방 친해질 수 있었다. 30살 중반까지 공부하고 떠돌아다 녔는데 이제는 이사하지 않고 정착하는 줄 알았다. 하루는 남편이 고심에 차있는 얼굴로 나에게 이야기 했다. 남편 회사의 정년은 길면 60살 초반이지만 보통 50대 중, 후반쯤에 많이 퇴사를 한다고 했다. 심지어 남편 회사의 부서가 없어지거나 변동되면서 그동안 해 온 연구들이 물거품이 되는 경우도 있었다. 남편은 일들이 갑자기 중단되어 허무하다고 했다. 남편은 새로운 곳에서 더 인정받고 넓은 곳에서 살아보고 싶다는 뜻이 있었다.

회사를 다니는 동안 남편의 꿈을 펼치기 위해 계속 이직을 준비하였는데, 생각처럼 잘 되지 않았다. 최근 실적 논문의 수명이 다 되어 가고 있었다. 그러면서 국내가 아닌 해외로 다시 눈길이 가고 있었다. 지나고 생각해 보니 왜 그리 남편과 나는 외국으로 나가려고 했는지 모르겠다. 묘한 이끌림이 있었고, 당연히 기회가 되면 해외로 나가는 것이 당연하다고 느껴졌다. 그리하여 캐나다, 독일, 호주로 이주하는 것을 알아보게 되었고, 다행히 호주에서 연구 중점 교수가 될 수 있는 길이 보였다. 안타깝게도 호주로 가는 길은 열리지 않았다. 밤새워 연구 계획서를 쓰고 서류를 준비한 것이 물거품이 되고 말았다.

얼마 후 남편의 회사 경험과 높은 논문 인용 점수로 미국

NIW(고학력자 이민) 영주권을 받을 수 있다는 것을 알게 되었다. 희망을 잃었을 때 한 줄기 빛을 만난 것이다. 해당 업체에 전화를 걸어서 남편의 경력과 실적을 이야기하니, 미국 영주권을 딸 확률은 100%라고 설명해 주었다. 우리는 당장 상담하고 바로 계약금을 걸었다. 돌아오는 길, 우리는 그동안에 겪은 시행착오들이 결국 우리를 미국으로 이끌었다고 생각했다. 그리고 우리는 무엇 때문에 미국 이민을 택하게 되었는지 생각하였다.

이민을 택한 가장 큰 이유는 바로 자녀들의 교육 때문이다. 아이들이 지금보다는 더 행복하고 자유롭게 살아가길 바랐다. 「스카이캐슬」이라는 드라마를 보며, 한국의 입시 전쟁에 대해 깊게 생각하였다. 주인공들처럼 아이들을 학원에 보내고, 입시 설명회에 다니며, 경쟁 사회에서 살아가는 부모와 아이들이 너무나도 힘겹고 불쌍해 보였다. 그래서일까? 자녀를 이 세계가 아닌 다른 곳에서 살아 보게 하고픈 마음이 컸다. 미국에서 태어난 둘째가 시민권자이기에 미국에서의 삶이 우리에게 더 유리하다고 생각했다. 특히 영주권자나 시민권자가 되면 대학 등록금이 유학생보다 적고, 혜택도 많아지기 때문에 미국이 좋아 보였다.

첫째가 4세 되던 해부터 미국의 프리 스쿨에 다녔다. 일 년 가까이 다니고 보니 제법 대화도 유창하고 발음도 좋아졌다. 한국으로 돌아와 영어를 접하게 하기 위해 영어 유치원을 보냈고, 초등학교에 입학해서도 영어 학원을 계속 보냈다. 생활이 여유롭지 않아도 영어를 포기할 수 없는 이유가 영어로 많은 것이 좌우되는 것을 이미 경험으로 알게 되었기 때문이다. 아이들은 영어를 사용하는 환경에 많이 노출될수록 영어를 어려움 없이 배우게 된다. 둘째도 6살이 되자 영어 유치원에 보냈다. 외벌이 가정에서 두 자녀를 영어 유치원과 영어 학원에 보내니 주위에서는 우리가 경제력이 있는 줄로 오해를 하기도 했다. 우리는 이민을 나갈 계획이 있었기에 영어를 배우는 것을 멈출 수가 없었다.

현재 남편과 나는 40대 초반이 되었다. 인생의 절반 정도 살았고, 후반기는 다르게 살아보고 싶은 마음도 컸다. 앞이 보이는 생활이 지루하고 따분하게 느껴졌다. 지금이 아니면 도전이란 것을 하지 못할 것 같았다. 사람들이 20~30대 때 왜 많은 도전을 해 보라고 하는지 알 것 같았다. 40대 이상이 되면 몸이 아프게 되거나 생활에 변화가 생기고 일들이 도미노처럼 늘어나면서 변화를 주는 것이 두려워지게 된다.

부모를 따라 이사 다니던 자녀도 10대에 접어들면 자신의 의사를 밝히기 시작하며 이사와 전학을 거부한다. 낯선 곳으로 전학을 가는 것에 아이들은 긴장감과, 심지어 두려움을 느낀다. 첫째가 중학생이 되기 전에, 그리고 둘째가 한글과 한국어를 어느 정도 완성되었을 때 외국으로 가면 어려움이 없을 것 같았다. 그래서 우리는 첫째가 4학년의 마무리 단계였기에 더 이상 이민을 미룰 수가 없었다.

 아이들의 장래를 결정하는 데 어려움은 있지만, 최대한 좋은 환경에서 살게 해 주고 싶은 것이 모든 부모의 마음이다. 한국은 사람들이 서로 배려하고, 친절하고, 교통도 편리하며 의료 체계도 잘 잡혀 있기에 충분히 좋은 곳이다. 맛있는 한식도 저렴하게 먹을 수 있고, 병원이나 은행, 기관을 다니며 의사소통하는 데 어려움은 없다. 한국에서의 편리한 삶을 포기하고 타국에서 생활한다는 것은 다른 문화를 이해하고 언어 장벽을 넘어야 한다는 큰 부담감을 안겨다 준다. 외국에서의 생활은 속수무책으로 꿀 먹은 벙어리처럼 지내야 할 일들이 많다. 그럼에도 우리 가족이 한국을 떠나려는 이유는 무엇일까? 이민하게 되면 분명히 후회할 부분도 많을 것이기에 신중하게 결정하려고 했다. 영주권이 나오고 취업이 되기까지 계속 이민을 왜 하려고 하는지 고민하였다.

자연환경적인 부분도 무시할 수가 없다. 미세 먼지가 종종 발생해서 실내에서 주로 생활해야만 했을 때 미국에서 생활할 때 경험한 깨끗한 환경이 더욱 생각이 났다. 파란 하늘과 따듯한 햇살, 파릇파릇한 잎, 향기로운 꽃들을 아이들에게 선사해 주고 싶었다. 지금 생활하고 있는 자연환경이 다가 아니고, 자연을 파헤치지 않고 그 안에서 조화를 이루며 살아가는 환경을 보여주고 싶었고, 우리 부부도 그 속에서 살아가기를 희망하고 있었다.

무엇보다 저녁과 주말에는 가족과 보내는 시간을 가지고 싶었고, 거실에 둘러앉아 보드게임을 하고, 식탁에 마주 보고 앉아 달콤한 야식을 먹기를 원했다. 주말에는 산과 바다, 공원에서 걷고 놀 수 있는 곳을 찾았기에 우리는 새로운 곳으로 눈을 돌릴 수밖에 없었다. 사람은 지금보다 더 큰 행복을 찾기를 희망하는 경향이 있다. 물론 행복은 지금, 이 순간에도 충분히 찾을 수 있다. 어떤 선택이 되었듯 우리는 최선을 다해 선택했다는 것은 틀림이 없다. 미래가 어떻게 펼쳐질지 모르는 것이기에 흥미롭고 지루하지 않을 것이다. 앞으로 다가올 삶이 기대되었다. 아이들이 그곳에서 어떻게 적응하고 자신의 꿈을 펼쳐나갈지 꿈에 부풀었다.

사람은 익숙한 곳에서 안정감을 유지하며 살고 싶어 하지만 때로는 낯선 곳을 여행하고 미지의 세계로 살아가고픈 꿈을 갖기도 한다. 바로 지금이 변화해야 할 때다. 이민을 택하게 된 이유는 단순히 자녀 교육만의 문제가 아니다. 복합적인 이유다. 새로운 곳에서 생활하기 위해서는 용기가 필요했다. 지금 용기가 조금이라도 있을 때, 더 늦기 전에 우리는 힘을 내어 앞으로 걸어가기로 하였다.

그렇게 우리는 NIW 업체에 연락하여 영주권 진행을 시작하였다.

# 좋고 나쁜 일들은
# 돌고 돈다

 미래를 향해 달려가는 길에는 항상 설렘과 기다림이 있다. 영주권을 신청한 지 보통 1년~1년 반 정도면 영주권이 나온다고 한다. 하지만 코로나바이러스가 확산되면서 우리는 영주권이 나오기까지 3년 넘게 기다려야 했다. 우연히 미국 헤드헌터에게 연락이 오고 회사 지원을 하면서 본격적인 남편의 이직 준비가 시작되었다. 회사를 다니면서부터 6년간 수없이 가다듬은 이력서가 빛을 발할 때가 온 것이다. 어쩌면 아직 미완성 과정 중에 있을지도 모르지만, 이제는 때가 되었기에 앞으로 나아가야 한다.

 남편의 책임감이 얼마나 무거울까? 가장으로 그가 버텨야 할 무게는 상상 이상이었을 것이다. 남편이 이직 준비를 하는 동안 우리는 미국 생활에서 꼭 필요한 것을 준비했다. 미국에서 생활 중 가장 필수가 되는 것이 영어, 운전, 수영이다. 안타깝게도 이 모든 것을 못 하는 것이 나이다. 무슨 자신감으로 이민을 가려고 했던 건지, 친정 엄마의 말씀대로 나는 겁이 없었다. 사실 나는 겁쟁이다. 여전히 어두운 밤길을 무서워하고, 놀이 기구를 타지 못하고, 혼자서 여행도 떠나지 못한다. 이런 결정을 하는 것을 보면 놀랄 때가 있다. 영어를 못하면 부딪치며 차츰 배워가고 번역기를 사용하여 아이들을 학교에 보내면 된다고 생각한다. 미국에서 살아가야 할 아이들이 수영해야 친구들과 지내고 즐길 줄 알기에 얼른 근처 센터에 수영을 등록하였다.

미국 생활에서 가장 중요한 것이자 나에게 가장 어려운 것이 운전이다. 운전을 유독 두려워하고 고속도로의 터널을 통과하지 못하는 이들이 많다. 나 역시 공황 장애를 앓았기에 예기 불안으로 운전이란 것이 쉬운 것만은 아니었다. 작은 공간 속에 기계음이 조금씩 나오며 스쳐 지나가는 자동차를 보면 답답함과 두려움이 올라오기 일쑤다. 그래도 운전대를 잡고 나가야만 했다. 새벽 5시에 일어나 차들이 없을 때 연습을 하러 나갔다. 돌아오는 순간 식은땀이 나고 경직된 몸으로 돌아오지만, 그 순간 해냈다는 뿌듯함이 또 피어오르고 있었다. 적어도 운전이란 자체가 두려움을 떨쳐 버려야 하는 것이기에 더 이상 무섭다고 미룰 수만은 없었다. 아이들 학교에 데려다주는 것은 엄마인 내가 해야 하는 것이었다. 삶의 버팀목이 되는 것이 바로 가족이다. 가족으로 인하여 우리의 미래 방향이 달라지고 생각지도 못한 타국의 생활을 꿈을 꾸고 있었다.

  영주권을 신청하면서 기다리는 와중에 한국에서 남편이 꿈꾸던 교수를 할 기회가 왔다. 하필 왜 이때였을까? 나의 공황 장애 증상이 최고치를 달하던 차였다. 남편의 꿈을 항상 응원하고 지지하지만, 그 순간, 영주권 진행을 포기하고, 당장 낯선 곳으로 이사하고 생활한다는 자체가 너무나도 힘들고 두려웠다. 당시 나는 외출도 간신히 할 수 있었고 아이들도 이제 막 학교 적응을 하였고, 변화를 준다는 것에는 어려움이 있었다. 울면서 남편에게 애원했다. 너무 힘들어서 지금 당장은 이사하지 않았으면 좋겠다고 부탁했다. 남편은 며칠 동안 깊은 생각에 잠겨 있었다. 영주권 준비를 포기할 수 없기에 남편은 자신 행복을 고집하기보다 가족의 행복을 먼저 택했다. 하지만 외국에 나간다는 것은 끊임없는 기다림의 연속이다. 마지막 단계인 영주권 P4레터를 남기고 비자 인터뷰를 기다리고 있었다. 영주권 심사 인터뷰 날로부터 6개월 안에 한국을 떠나야 한다. 어느덧 영주권 절차의 막바지로 진행되고 있었다.

미국 회사에 첫 이력서를 보낸 후 어느 날, 놀랍게도 바로 인터뷰 요청이 왔다. 새벽 한 시, 미국 서부 시간으로는 오전 9시에 인터뷰가 진행되었다. 자정이 되면서 점점 긴장이 되어 갔다. 남편은 첫 인터뷰라 더 긴장했다고 한다. 그래도 회사 측에서 호의적으로 받아들여 일주일 후 두 번째 인터뷰를 잡게 되었다. 드디어 두 번째 날이 다가왔다. 하지만 야근이 있었던 탓에 남편의 컨디션이 좋지 않았다. 일터에서 가중되었던 것 같았다. 그래도 지금 중요한 것은 현재가 아니라 미래를 위한 준비이기에 가능한 남편은 최선을 다해 맞추어 주고 인터뷰에 집중하고 있었다.

긴 기다림 끝에 가끔은 좋은 일들이 찾아오기도 한다. 나쁜 일들이 연속해서 오지만 뜻밖의 행운도 찾아왔다. 첫 번째 인터뷰를 본 회사에서 오퍼가 온 것이다. 덕분에 더 이상의 이력서를 쓰지 않고 미국행이 결정되었다. 첫 번째 지원하고 바로 오퍼가 온 것도 행운이었다. 그동안 준비한 남편에게 감사하다고 전하고 싶었다. 회사를 마치고 돌아와 새벽까지 자료를 준비하고 인터뷰하면서 지낸 시간이 헛되지 않았다는 것이 증명되었다.

우리는 늘 그랬듯 일상을 보내고 있었다. 좋은 일이 생겨도 자만에 빠지지 않고 나쁜 일이 있다고 절망에 빠질 필요도 없다. 좋고 나쁜 일들은 돌고 돌아서 찾아오기 마련이다. 감사한 일을 기념하며 그동안 열심히 살아온 남편의 일에 새로운 기회가 생긴 것에 축하를 하고 싶다.

# 시련과 불행만
# 있으라는 법이 없다

　기다리던 영주권 비자 인터뷰 날짜가 나오고 우리들의 계획이 진행해야 하는 순간이 왔다. 이제는 영주권 인터뷰 날짜부터 6개월 안에 미국으로 출국해야 한다. 그렇기에 모든 일이 빨리 진행이 될 것이다. 인터뷰 날짜가 나오기 전 미국으로 갈 회사가 정해졌기에, 회사에서는 가능한 한 빨리 입사하기를 바라고 있었다. 그래서 회사 측에서도 인터뷰 날짜와 출국 날짜를 기다리고 있었다. 기다림 끝에 12월로 입사 날짜를 잡아 두었다.

　2019년에 영주권을 신청하고 결과가 나오기까지 4년이 걸린 것이다. 코로나바이러스라는 큰 변수가 생겼기에 3배 정도 시간이 더 걸렸다. 우리뿐 아니라 전 세계적으로 영주권 발급이 타격을 입었다. 한동안 인터뷰가 중단되었고, 서류 평가와 단계

별 채용 심사 절차가 늦어졌다. 그동안 남편은 회사 경력을 3년 더 채울 수가 있었다. 비자가 나오고 6개월 안에 미국으로 입국해야 하는데, 영주권을 받은 많은 사람들은 괌으로 가서 우선 입국하면서 도장을 받게 된다. 하지만 자연스럽게 진행이 연기되면서 우리는 괌으로 갈 필요 없이 감사하게도 바로 미국 본토로 가면 되었다. 기다리는 동안 큰딸은 초등학교 4학년이 되었고, 작은딸은 초등학교에 입학했다. 아이들도 외국 가기에 좋은 시기라고 생각이 들었다. 그렇게도 안 풀리던 일이 순차적으로 풀리는 것 같았다. 이전에는 그렇게도 안 되던 일이 풀리는 것을 보니 우리의 길이 이 길인 것 같았다. 여정이 길었던 만큼 준비할 수 있는 시간도 길었다.

우리에게 주어진 두 달의 준비가 앞을 살아가는 데 방향을 잡아줄 것이다. 먼저 비행기 티켓을 끊고, 우리는 12월 7일에 출국하기로 했다. 우리 막내딸, 보리도 함께 가야 하기에 알아볼 것이 많았다. 이전에는 강아지를 데리고 함께 나갈 것이라고 상상하지 못했다. 그러나 정든 강아지를 다른 곳에 입양을 보내는 것은 더 상상할 수가 없었다. 강아지를 돌보는 것은 생각보다 많은 일들이 있다. 남편과 아이들 모두 함께 보리를 돌보고 있었다. 보리는 우리가 지키고 돌봐야 하는 막내다.

우리는 미국으로 가게 된다면 캘리포니아로 가서 정착했으면 좋겠다고 생각했다. 캘리포니아의 날씨는 신이 내려준 날씨를 가지고 있으며, 아시아계 사람들도 많고, 한국 마트, 한인 병원들도 많기에 적응하는 데 좋다. 무엇보다 안전하고 인종 차별도 심하지 않아서 살기가 좀 더 수월할 것 같았다. 한국의 밤은 화려하고 빛난다. 하지만 미국의 밤은 조용하고 어두워서 사람들이 거의 다니지 않는다. 마트와 상점들도 대개 일찍 문을 닫는다. 거리의 가로등도 많지가 않다.

어쩌다 보니 우리는 6년 전 미국에서 지냈던 곳 근처에 자리를 잡을 수가 있었다. 예전 살던 아파트는 방문 교수나 연구원, 주재원의 분들이 많이 찾는 곳이었다. 그곳에 가서 다시 살고 싶었지만 이제는 자녀가 초, 중, 고등학교를 가야 하기에 학교 주변 위주로 집을 찾게 되었고 마침내 우리는 마운틴뷰에 살기로 결정했다. 지역이 정해지면서 집을 가장 우선 알아본다. 아파트 계약을 하기 위해 인터넷으로 알아본 아파트 오피스에 메일을 보냈다.

실리콘 밸리의 월세는 비싸기로 유명하다. 집세가 너무나도 비싸서 모바일 하우스가 있고, 캠핑카에서 사는 사람들도 있다고 언론에 종종 나온다. 우리는 지금 집에서 짐을 절반으로 줄

여서 가야 했다. 다행히 자녀가 자매이기에 2bed로 정하고 아파트를 알아보았다. 마침내 보리와 산책할 수 있고, 초, 중, 고등학교 모두 학교가 가까운 곳에 아파트를 찾았다. 한국에서 아파트를 구하기에는 해당 아파트의 프로그램 오류가 많아서 현지에 가서 아파트 구경을 한 다음 계약하기로 했다. 역시나 예상하지 못한 변수는 생기기 마련이다. 우리는 문제를 해결하는 법을 찾고 마음의 평화를 얻었다.

비자 사진을 찍고, 미리 예방 접종을 하고, 예방 접종 증명서를 발급받았다. 하루에 2~3가지 백신을 접종하였기에, 종종 열과 두통이 동반하기도 하였다. 이민자들이 전염병을 가지고 입국하면 안 되므로 여러 가지 예방 접종을 해야 한다. 이민을 간다는 것은 정말 쉬운 것이 아니었다. 예방 접종은 사람인 우리에게만 적용되는 것이 아니었다. 보리도 해당되는 접종을 하며 출국을 준비했다. 강아지도 사람도 모두 예외는 없었다.

이민이라는 자체가 여행과는 다르며, 주재원이나 박사 후 연구원으로 가는 것과도 차이가 컸다. 아이들 적금과 주택, 예금, 적금 통장을 정리하느라 여러 은행을 시간이 날 때마다 가서 해지하였다. 특히 아이들 통장을 해지할 때도 많은 서류가 필요로 하였고, 통장을 만드는 것은 쉬워도 해지하기는 어려운 것임을 다시 느끼게 되었다.

지금 지내는 아파트를 부동산에 매물로 내놓았다. 우선 매매 건으로 내놓았지만, 매매가 거래되지 않아서 전세로 전환하였다. 다행히 아파트를 리모델링한 지 2년 정도 되었기에 쉽게 전세가 나갔다. 나중에 집을 처리해야 하는 불편함은 있지만, 급한 불은 끈 것이다. 부동산과 관련하여 서류를 정리하여 시부모님께 드리고, 부동산 관련하여서 할 일이 있으면 도움을 청하기로 하였다.

미국으로 보낼 짐을 정리하고, 그 외의 짐들은 처리해야 했다. 시간이 많은 관계로 조금씩 중고 거래에 팔았고, 버리긴 아깝고 누군가에게 도움이 될 만한 물건들은 나눔을 하였다. 미국으로 해운 이사를 해야 하기에 업체의 리뷰를 보고, 견적을 받았다. 우리는 11월 16일 이삿짐을 보내기로 정했다.

물건과 서류들이 진행되는 동안 함께 지낸 이웃과 지인들에게 이사 소식을 전했다. 교류가 활발했던 지인들은 우리의 사정을 알고 있었으므로 가끔 만나는 지인들에만 알렸다. 이사를 한다는 것을 알리고 그동안 감사하고 즐거운 추억을 만들어줘서 고맙다고 전했다. 비록 거리로 멀어지지만, 온라인상에서 만나

자고 이야기했다. 좋은 관계였다면 영원한 헤어짐은 없다고 생각한다. 기억이 날 때 문자를 준다면 반갑게 맞이해 줄 것이라고 믿는다. 소중한 기억을 한 번씩 꺼내어 회상하는 것만으로도 좋은 인연이 된다고 믿고 있다.

해외로 이사하는 게 두 번째여서 그랬는지 일이 막힘없이 진행되었다. 그동안 이사를 많이 하였기에 이사에 대한 절차를 쉽게 이해하고 있었다. 카드 정리와 주소 이동, 생명 보험 해지, 치과 진료, 안경 맞추기 등 잔잔한 일들이 순차적으로 진행이 되었다.

매일 밤 남편과 이야기하며, 다음 일을 구상하고 있었다. 함께 계획하고 하나씩 이루어 간다는 것이 뜻 깊었다. 이럴 때는 혼자가 아니라 둘이라서 다행인 것 같다. 가끔은 우리 부부는 동지가 되는 느낌이다. 함께한 시간이 길어질수록 서로에게 익숙해지고 의지하는 것 같다. 미국으로 가서 정착하고 회사 의료 보험, 자동차 보험이 나올 때까지 건강히 잘 지낼 수 있기를 바랐다. 큰 변화가 있기 전 많은 두려움이 존재하지만, 그것에 얽매이지 말고 앞으로 나아가야 한다.

# 예상 밖의 일들은
# 일어나기 마련이다

　미국 이민을 결정하는 나이는 다양하다. 특히 40대 초반의 경우 아이의 교육 문제와 자신의 직업을 다시 전환하는 계기로 삼아 이민을 계획한다. 하지만 누구든지 이민을 쉽게 결정하지 못한다. 이민을 망설이는 가장 큰 이유는 부모님의 건강과 노후에 대한 걱정 때문이다. 그래서 대개는 무거운 마음으로 이민을 계획하고 결정하게 된다. 우리 가족도 그랬다. 시부모님은 아직 건강하시며 큰 지병이 없으시다. 하지만 친정아버지의 경우는 당뇨 합병증으로 눈과 폐가 아주 좋지가 않으시다. 항상 마음에 걸리는 것이 바로 미국에서 생활하는 과정 중에 아버지의 입원 소식이나 응급 상황 이야기를 듣지 않을까 하는 것이다. 어쩌면 임종을 지켜보기 힘들 것 같다는 생각도 하게 되었다.

그러고 보니 이런 고민거리도 잠시였다.

출국 20일 전, 11월 16일 미국으로 이삿짐을 보내는 날이다. 출국 전이라 미리 해운 업체를 통해 짐을 보내고 우리는 간단한 물건들로 생활하기로 하였다. 그렇게 짐을 보내고 쉬면서 기다리는데 긴급한 상황을 알리는 큰언니의 전화가 왔다.

"놀라지 말고 들어라, 아버지가 지금 긴급 응급실에 계신다. 오전에 교통사고가 났는데, 뇌가 충격을 받고 깨져서 출혈이 있어 수술하셨다. 당뇨약 중 하나인 아스피린을 먹어서 피를 멈출 수가 없다고 의사 선생님이 말하신다. 가족들 모두 모이라고 하셔. 짐을 챙기고 오면 좋겠다."라고 어느 때보다 떨리는 목소리로 말했다.

급히 포항에 있는 병원으로 향하였다. 온 가족이 발을 동동거리며 퉁퉁 부은 얼굴로 맞이해 주었다. 더군다나 이날은 수능 전날이었다. 조카 두 명이 수능을 치러야 했기에 함께 하지 못하였고, 언니는 아이들에게 직접 도시락을 사고 시험장으로 가라고 말했다고 했다. 다음 날 의식이 없는 아버지는 호흡기에 의존하고 계셨다. 긴 기다림이 있을 것 같아 가까운 언니 집으로 가서 씻고 저녁을 먹고, 교대로 아버지 곁을 지키기로 했다.

수능 날 우리 부부는 아버지가 계신 병원으로 가고 있었고, 작은 언니에게 전화가 왔다. 아버지가 떠나셨다고 하였다. 긴 울음과 침묵을 반복하며 병원에 도착했고, 그렇게 아버지는 호흡기를 떼고 영안실로 향하였다.

고향으로 돌아가 장례식장에서 장례 절차를 밟았다. 이미 아버지가 코로나에 확진되었기에 병원에 있을 때 면회를 하지 못하였다. 조카들과 어른들 모두 합치니 가족이 19명, 우리는 대식구이다. 장례는 삼일장으로 치르기로 했다. 손님은 2일 차에 찾아올 수 있고, 3일 차 새벽에 화장터로 가서 화장하기로 했다. 아버지의 바람대로 아주 조용히 간단히 치러졌고, 소식을 접한 뒤 4일 만에 장례는 마치고 아버지는 평소 원하시는 대로 할머니가 계신 산소 옆에 모시게 되었다. 신기하게도 아버지 지갑에 필요한 증명사진과 유공자증, 필요한 서류 몇 가지가 들어 있었다. 아버지는 갑작스러운 죽음을 대비하고 계셨던 것처럼 보였다.

화장터로 향할 때는 모든 이들이 아무 말도 하지 않았고, 하얀 안개만 내리고 있었다. 그날은 더더욱 햇살이 가득했다. 우리가 코로나 이후 이렇게 가족이 같이 모여서 식사하는 것은 처음이었다. 아버지를 떠나보내는 날 우리는 점심을 먹고 식당 마당에서 함께 가족사진을 찍게 되었다. 아버지가 코로나로 만나지 못하던 이들을 다 모은 것 같았다. 사촌들, 친척들 모두 서로를 오랜만에 만나며 지나간 세월을 이야기했다. 다행히 입관할 때 아버지 모습을 볼 수 있었다. 하얗게 부은 얼굴에 편안한 얼굴로 아버지는 우리에게 마지막 인사를 하시고 떠나가셨다. 하늘에서 우리를 지켜보고 계실 것이라 믿는다.

엄마는 우리 가족이 편하게 이민 가라고 아버지가 도와주시는 것 같다고 하셨다. 사실 아버지 건강 걱정이 가장 큰 걱정거리였다. 친정에서 전화가 오면 항상 아버지의 건강상에 문제가 있지 않을까 걱정했다. 미준모(미국을 준비하는 모임) 카페에 자주 올라오는 것이 연로하신 부모님을 두고 미국으로 가기가 쉽지 않다는 것이다. 이민을 가거나 주재원으로 나가는 것의 가장 큰 어려움이 부모님의 건강 문제이다. 가정을 이룬 40~50대의 경우 그들의 부모님은 거의 정년 퇴직 하시고 노후를 살고 계신다. 그중 건강이 좋지 않은 분이 많다.

친정 엄마는 왠지 오래 사실 것 같다는 생각을 했다. 그리고 주위 동네 아주머니와도 왕래도 많고 사람과의 관계를 즐기면서 사시는 분이라 걱정이 덜 되었다. 오빠와 언니네가 근처에 살고 있기에 친정 엄마를 맡기고 나온 것도 사실이다. 거리가 멀고 막내라는 이유로 언니, 오빠보다 부모님을 잘 찾아뵙지 못했다.

아버지가 돌아가시고 친정 엄마가 5일 정도 대전의 우리 집으로 오셨다. 아버지의 빈자리를 갑자기 느낄까 봐, 그리고 우리를 이렇게 마지막으로 보고 출국하기가 맘에 걸렸다. 결혼하고 이렇게 길게 같이 생활해 보는 것은 처음이었다. 이민이라고 해서 영원한 헤어짐은 아니다. 물론 편하게 전화하고 만날 수는 없지만 자주 연락하고 지낼 수 있기에 이번 헤어짐에서는 눈물이 나지 않았다. 예전 6년 전 미국으로 2년 포닥 생활하러 갈 때는 왜 그렇게 울었는지 모르겠다.

아버지는 늘 죽음에 관해 이야기하셨다.
"나 3년 안에 죽을 것 같다. 너희가 이민 가면 보고 싶어서 어쩌냐? 심심해서 어떻게 하나?"라고 말씀하시곤 했다.
미리 영정 사진을 찍어 두었고, 몇 년 전부터 입고 갈 옷도 사 두셨다. 시대가 바뀐 만큼 문중 관리와 제사 정리 등을 맡아서 하고 계셨다.

아직도 믿어지지 않는다. 아버지가 미리 챙겨 주신 말린 감이 마지막 선물이 될지 몰랐다. 아버지가 직접 키운 감과 밤, 재래

시장에서 사 오신 상어 고기 돈백이, 나무를 직접 베어 쪼개 놓으신 장작 등을 보면 아버지가 생각난다. 그리고 장례식장에서 본 마지막 모습이 떠오른다.

급격하게 바쁘게 지나간 시간 동안 존재를 잊고 있었지만 짐이 정리가 되고 정착이 되면 아버지 생각은 더 날 것으로 생각이 든다. 너무나 갑작스럽게 떠나셨기에 남은 우리에게 시간이 필요할 것 같다.

우리보다 앞서 이민 가시고 시어머니를 돌보시느라 한국과 미국을 오고 가시는 통역 선생님이 말씀하셨다.
"어떤 선택을 하든 독립적으로 살아가는 것이 맞는 결정이다."
지금 맞춰서 살아야 하는 가정이 무엇인지 판단하고 열심히 행복하게 사는 것이 맞는 것이라고 하셨다.

이렇게 미국행을 결정하게 되었다. 훗날 시부모님과 친정 엄마의 사정이 어떻게 되실지 모르겠지만 모든 것은 자연스러운 것이며, 예상할 수 없기에 미리 걱정하거나 준비할 필요는 없는 것 같다. 순간순간 생각날 때 더 연락드리고 소식을 전하고 안부를 여쭙는 것이 우리들이 해야 할 일들 같다. 지금 당장 부모님이 병원에 계시거나 위독하신 분이 계시면 이민이라는 자체가 어려울 수 있을 것 같다. 항상 무엇인가를 결정하는 것은 타이밍이며 억지로 해도 안 되는 것이 있고, 어려울 같은 것도 쉽게 풀리는 경우도 있다.

그래서 흐르는 물을 마냥 지켜보게 된다.

# 안 될 일은
# 되게 만들면 된다

　아버지 장례를 마친 후, 주민 센터와 세무서 관련 업무, 동물병원 진료, 미용실 가기 등 많은 일들을 한 주에 진행하였다. 가장 시급한 것은 비자 인터뷰를 위한 준비를 하는 것이었다. 인터뷰가 다음 월요일인데, 그 전 주인 금요일에 강남 성모병원 비자 검진 센터에서 신체 검사한 결과가 미국 대사관으로 전달이 되지 않았다고 연락이 왔다. 남편과 첫째의 검사 결과만 전송이 되었고, 나의 것은 빠져 있었다. 갑자기 예상하지 못한 일이 벌어진 것이다.

　신체검사 결과가 있어야 비자 인터뷰가 진행되기에, 놀란 가슴을 안정시키고 성모 병원과 대사관에 하루 종일 연락을 시도하였다. 대사관에 메일을 남기고서도 어떤 대답을 듣지 못했다.

일단 대사관으로 인터뷰를 하러 오라는 것이었다. 당일, 검사지가 전송되었다는 메시지와 병원에서 받은 신체검사 결과지를 같이 들고 인터뷰를 하였다. 순조롭게만 될 줄 알았던 인터뷰 결과 블루 레터를 받았다. 블루 레터를 받았다는 것은 비자 인터뷰가 통과하지 않았다는 것을 의미한다. 추가적인 서류가 필요하거나 인터뷰를 다시 봐야 한다. 함께 인터뷰를 보러 온 사람들이 우리를 쳐다보았다. 하늘이 노랗게 되는 순간이었다. 사실 우리가 할 수 있는 것은 아무것도 없었다. 대사관 측에서 신체검사 결과만 확인하면 되는 것이었다. 인터뷰 영사관은 비자가 잘 도착할 테니 기다리라고 하였다. 하지만 우리에겐 시간이 많지가 않았다.

비자와 여권이 일양 택배를 통해 우리 손으로 오기까지 3일 정도 걸리지만 우리에게는 아무런 소식도 없었고 진행 과정조차 확인이 되지 않았다. 그렇게 일주일이 지나고 있었다. 12월 5일까지 비자가 오지 않으면 우리는 12월 7일 항공권 예약을 해둔 것을 미뤄야 하는 최악의 상황이 온다. 남편 회사 출근 날짜를 미루고 숙소 변경과 여러 가지가 꼬이게 될 것이었다.

우리는 해외 이주 신청을 해서 국민연금 반환 신청을 하고 갈 계획이었기에 해외 이주 신청에 필요한 서류를 접수를 하였다.

세금 관련 납세 증명서가 세무서에 도착하기를 기다리고 있었다. 매일 비자와 납세 증명서를 기다리고 있었다. 은행 업무, 국제 면허증 발급, 차 팔기, 대전 집 정리, 초등학교 전학 처리 모두 하루 만에 해결되는 것은 없었다. 초등학교에서도 재학 증명서와 학생 기록부만 받으면 끝이 날 줄 알았다. 우리는 해외 이주로 공교육을 받지 않음을 증명하기 위해, 해외 이주 신청서, 이민 비자, 외국학교 입학 허가증을 한국 학교 측에 제출해야 했다. 해외 이주 신청서는 미리 사진을 찍어 담당 선생님께 보내고, 원본은 우편으로 보내야 한다. 외국학교 입학 허가증은 미국으로 가서 발행이 되기에 메일로 보내겠다고 알렸다.

주재원으로 가거나 박사 후 과정을 하러 갈 때와 이민을 갈 때의 준비는 아주 달랐다. 아이들은 학교를 11월까지 다녔기에 12월부터 우리와 함께 다녀야 했고 주말에는 시댁에서 봐주어서 한결 가벼웠다. 긴장되는 기다림과 스트레스를 받다 보니, 남편은 살이 쭉쭉 빠지고 얼굴이 반쪽이 되었다. 하지만 나는 여전히 몸무게를 유지하는 것이 신기해 보일 정도였다. 남편의 어깨가 그만큼 무거웠다는 것이다.

드디어 출국 2일 전 8시 40분에 비자가 도착한다는 전화를 받고, 우리는 서둘러 대전 짐을 정리하고 고속 버스를 예약해 뒀다. 큰 이민 가방 2개와 책가방 2개를 각자 메고 버스를 탔다. 정든 예쁜 집과 함께 지낸 지인들을 찾아가 작별 인사를 나눴다. 언제라도 우리 가족을 반겨 줄 그들이다. 한국에 다시 오게 된다면 반드시 대전을 찾을 것이다. 벚꽃이 예쁘게 피고 가을 단풍이 아름답고 조금만 걸으면 갑천 산책로가 나오는 이곳, 이곳에 살아서 감사하다. 그리고 좋은 사람들! 지금처럼 좋은 인연을 또 만날 수 없을 것 같다.

일주일 동안은 분 단위로 생활하는 것 같았다. 아주 긴급한 일이 임박할 때는 초인적인 힘이 나오는 것을 경험할 수가 있었다. 미래를 예측하고 계획하며 살아가지만 하나라도 어긋난다면 모든 것이 바뀌야 하는 상황이 온다. 그러기에 일이 잘 진행되고 있는지 확인하고 가야 했다. 마침내 이민 비자와 납세 증명서가 우리 손에 들어오고서 다음 일이 진행되었다. 서울 시댁으로 돌아와서 부모님과 앉아서 이야기를 나눌 시간도 많지 않았다. 아이들은 부모님께 맡기고 남은 일을 처리하러 국민연금공단과 은행, 우체국, 약국을 다녔다. 이제 남은 것은 하루다. 싸 둔 짐 가방의 무게를 재고 다시 짐을 챙기고 있었다. 많은 물건을 하나씩 꺼내기도 번거로워 무게만 맞추고 끝을 내었다. 애완견 서류를 다시 확인하고, 비행기에서 필요한 물건들을 챙기고 만일을 대비하여 먹을 약들을 챙겼다.

정해진 스케줄대로 진행된다는 것 자체만으로도 우리들에게는 축복이었다. 마지막 날 밤 친정 식구와 시부모님, 그리고 친구들에게 인사를 하고 잠자리에 들었다. 내일은 가는 날이구나! 이제 가기만 하면 되는구나!

아뿔싸! 아침에 눈을 떠 보니, 첫째의 치료한 어금니 보철이 떨어져 있었다. 서둘러 시댁 근처 치과를 알아보고 문을 여는 시간에 맞춰 나갔다. 사정을 이야기하고 당일 치료가 필요하다고 말씀드리니 스케줄에 맞추어 해 주신다고 하셨다. 안타깝게도 전날 국민연금을 해지하였기에 보험 처리는 되지 않았다. 치료를 마치고 시댁으로 급히 돌아왔다. 예약해 둔 차가 오기를 기다렸다. 마지막까지 긴박한 하루의 연속이었다.

# 떠나지 않으면
# 새로운 것을 볼 수 없다

 예약해 둔 셔틀버스가 왔고 이민 가방 5개와 유모차, 카시트를 싣고 차에 올랐다. 이런 날을 오래전부터 기다렸고, 예상을 했는지, 마음은 덤덤했다. 하지만 시어머니는 붉어진 눈에서 눈물을 흘리고 계셨다. 한국에 있어도 자주 못 보는데, 멀리 가면 더 못 본다고 아쉬워하셨다. 우리를 마지막으로 한 번씩 안아 주시고 인사를 나누셨다. 그러고 보니 친정 엄마와의 마지막 날에도 엄마는 자신과 체격이 비슷한 나를 어린 아이를 안듯이 꼭 안아 주고 울고 계셨다. 아버지를 떠나보내 드리고 며칠 되지 않아 엄마의 마음은 더 복잡하고 아팠을 것이다.

 항상 헤어지는 것은 슬프지만 그래도 각자의 길이 있기에, 우리들은 자리에 앉아 앞으로 다가올 일들을 기다리고 있었다.

우리가 도착한 인천 국제공항은 그다지 붐비지 않아 짐을 부치는 데 어려움은 없었다. 가방마다 23kg 이하로 해야 하지만 가득 채운 나머지 모두 24kg이 넘어 추가 금액을 내고 입국 심사대로 향했다. 10시간이 되는 비행의 준비에서 가장 많이 신경을 써야 하는 것은 바로 강아지 보리와의 비행이다. 강아지와 함께하는 여정이 어떨지 상상도 못했다.

소형 견인 보리를 가방에 넣어 좌석 아래에 두고 함께 갈 수 있었다. 아이들은 좌석 모니터로 영화를 뚫어져라 보고 있었다. 아이들은 코비드 시대로 인해 비행기를 몇 년 만에 타게 되어서 더 신나 보였다. 하지만 보리가 칭얼거리기 시작했다. 한 끼 식사를 마치고 기내의 조명이 꺼지니 보리의 울음소리가 본격적으로 극에 달했다. 이를 의식한 승무원이 주의를 주었지만 소용이 없었다. 빨리 시간이 흘러 빨리 착륙하기를 바랐다. 둘째를 생후 2개월에 태워 미국에서 귀국한 적이 있는데 그때보다 더 힘든 여정이었다. 신기하게도 보리는 물도 음식도 먹지 못하고 소변도 14시간가량 참았다. 사람도 힘들지만 강아지는 얼마나 더 힘들었을까? 더군다나 주변에 계신 승객들에게 미안할 따름이었다. 그 후 보리와 함께 비행기를 탄다는 것은 상상하기도 싫었다.

입국 심사대를 통과할 때는 외국인 쪽이 아니라 미국인 전용 줄로 가서 섰다. 우리는 이민 비자를 보여주고, 강아지와 함께 입국하기에 철저히 짐 검사를 받았다. 서류를 철저히 준비하였고, 온 가족이 이민이 온 것이 분명하였기에 일이 순조롭게 진행되고 모든 심사가 끝났다.

캘리포니아의 겨울은 온화하기로 유명하다. 겨울에 도착해서인지 따뜻한 온기는 느끼지 못했지만, 햇살만큼은 눈부셨다. 차를 빌리기 위해 렌터카 회사로 향했다. 눈앞에 어마하게 큰 밴이 우리를 기다리고 있었다. 미국은 진짜 크기가 크다는 것을 한 번 더 느끼는 순간이었다. 인터넷으로 많이 본 아파트를 먼저 계약하는 것이 오늘 해야 할 일 중 가장 중요하기에 서둘러 아파트를 보러 갔다.

짐이 많고 지친 우리에게 여러 군데 다녀보고 결정할 여유는 없었다. 우리가 방문한 아파트는 나무와 연못이 조화롭게 이루어진 친환경적인 곳이었다. 무엇보다 강아지 산책하고 운동하기 좋은 곳으로 보였다. 더군다나 렌트비가 생각한 범위 안에 있어서 마음에 들었다. 학교에 다녀야 하기에 아이들 학교 주변으로 찾고, 강아지를 키울 수 있는 아파트를 찾다 보니 한정적이었다. 세 군데를 구경하고 2층으로 결정했다. 3층짜리 오래

된 아파트의 적당한 층이었다. 테라스 앞으로 나뭇잎이 보이는 곳을 찾고 있었기에 많이 구경할 필요는 없었다. 다행인 건 엘리베이터와 지정 주차 공간이 한 곳 있다는 점이었다. 엘리베이터가 없는 곳도 많기에 좋은 조건이었다. 캘리포니아는 햇살이 강하기에 한국처럼 남향만 선호하지 않는다. 우리는 나뭇가지가 보이는 북향으로 선택했다. 집이 정해지니 마음이 한결 가벼워졌다.

집 안에는 세탁기, 건조기, 전기 쿡탑, 식기 세척기, 전자레인지, 냉장고, 에어컨 및 1히터기가 있고 붙박이장이 방마다 있었다. 감사하게도 특별한 큰 가전제품이 필요가 없었다. 아파트 계약하는 동안 나는 아이들과 오피스 옆 접견실에서 기다리고 있었다. 집에 계약하기 전 전기와 수도 연결이 되어야 하기에 남편은 전화로 어렵게 연결을 하고 있었다.

계약을 완료하고 방에 가서 간단히 짐을 풀고 근처 예약해 둔 호텔로 향했다. 아파트에 전등과 물건들이 없기에 이틀정도 지낼 호텔을 따로 알아봐 두었기 때문이다. 잠깐 근처 마트에 들러 사과와 우유, 빵을 사 들고 호텔 방으로 들어갔다. 내일은 가장 필요한 용품을 사러 코스트코에 들리고 은행 업무를 하러 은행가기로 했다. 이곳에서는 어린 아이와 동물을 집이나 차에 혼자 두어서는 안 된다. 그러기에 우리는 항상 온가족 함께 이동해야 한다. 남편은 하루를 쪼개어 일을 보고 다음 날까지 일을 생각하기에 쉴 틈이 없었다. 이 고생을 하러 왜 왔을까? 남편은 한국에서보다 일을 많이 하는구나! 생각이 들었다. 그렇게 긴 비행을 하고 아파트 계약하며 하루를 보냈다. 배고픔을 잊기 위해 늦은 저녁을 먹고, 따뜻한 히터를 틀고 푹신한 침대에 누워 잠을 청했다. 드디어 우리들의 미국 생활이 첫 날이 마무리되고 있었다.

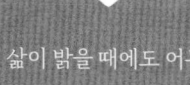

우리의 삶이 밝을 때에도 어두울 때도,
나는 결코 인생을 욕하지 않겠다.

_ 헤르만 헤세

# 2장

## 변화가 두려운 것이 아니라
## 변화하지 않는 내가 더 두렵다

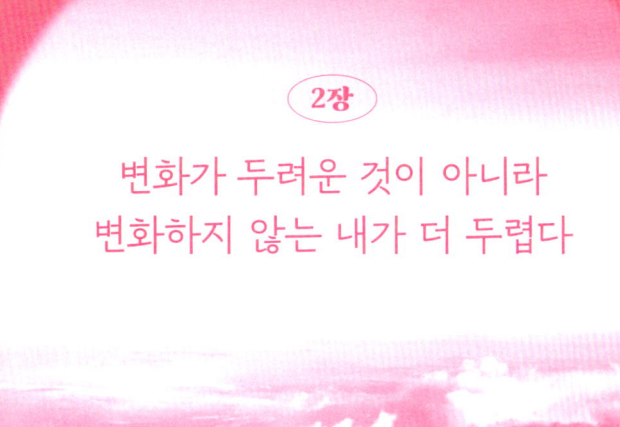

# 시작은 늘 바쁘다

　새로운 곳에서 시작을 한다는 것에는 많은 노력과 시간이 필요하다. 이곳으로 온지 6일째, 하루를 쪼개어 쓰다 보니 바쁘게도 흘러간다. 은행 계좌 개설하기, 집 구하기, 초등학교 등록하기, 결핵 검사 받기, 자동차 구하기, 보험 가입하기, 인터넷 연결하기, 사회 보장 제도(한국의 주민 등록 번호와 유사함.) 신청하기, 장보기 등 하루에 2~3가지를 하다 보면 아침에 나섰다가 저녁이 되어서야 돌아온다. 짧은 기간 동안 이렇게 많이 소화해내는 것도 놀라웠고, 순차적으로 일이 진행되는 것도 신기하였다.

　빌린 자동차를 반납하는 날짜가 다가오기에 우리의 이동을 도와줄 자동차를 구입하러 갔다. 올해 중고차 가격은 많이 올랐고 인기 있는 신차는 바로 나가기에 조건이 맞는 자동차가 있으면 바로 사야 한다. 우리는 자동차 구입을 위해 지금까지 낸 국민연금을 해지하고 왔기에 그 가격에 맞는 차를 구입해야 했다. 퇴직금과 국민연금 반환받은 것으로 2대의 차를 구입해야 한다. 가진 현금으로 살 수 있는 나의 차를 먼저 구입하고 추가로 돈을 이체하여 남편이 이용할 차를 구입하였다. 전기차가 인기가 있는 만큼 가격도 비싸서 우리는 휘발유차를 구입하게 되었다. 많은 돈이 들어갈 부분이 정리가 되니, 예산을 짜고 쓰기가 한결 편해졌다.

일을 처리하면서 가장 큰 걸림돌은 언어였다. 시스템적인 부분은 한국과 비슷하여 눈치껏 일을 볼 수 있었다. 그러나 무엇보다 말을 알아들을 수 없을 때는 일이 진행되지 않았다. 남편의 명의로 은행 계좌를 먼저 열고 공동으로 나를 추가하여 같은 계좌를 쓰도록 하였다. 하지만 나의 신분증인 사회 보장 제도 카드가 나오지 않아 ARS 전화를 통하여 신분을 증명하도록 하였다. 전화기 너머로 들려오는 말을 하나도 알아들을 수가 없었다. 어디론가 숨고 싶었다. 은행 업무는 간단하지만, 의사소통이 되지 않아 순조롭게 진행되지 않고 있었다. 고맙게도 아이들은 옆에서 조용히 은행 업무가 끝나기를 기다리고 있었다. 어디서든 돕는 자가 나타난다. 은행 직원은 포기하려던 우리를 붙잡고선, 퇴근 시간이 지났음에도 문제를 해결하도록 돕고 있었다. 그녀 역시 어릴 때 미국으로 이민을 왔고, 이곳에서 일하면서 많은 외국인을 만나며 그들에게서 세상 이야기를 들으면 즐겁다고 했다.

한 계단 넘으면 다음에서 예상치 못한 곳에서 막히고, 친절히 도와주시는 분 덕분에 다음 계단으로 넘어가기도 한다. 무엇보다 많은 일들을 남편 혼자 일 처리하는 것이 대단해 보였다. 나였으면 쓰러졌을 땐데 하루도 쉬지 않고 제대로 일 처리하고 있었다. 때로는 부족한 만큼 더 자세히 공부하고 해결하는 그였다. 이렇게 떠먹여 주는 밥을 먹고만 있기에 너무나도 미안했다.

다시 찾은 미국은 많이 편해진 것 같다. 은행 업무도 온라인과 대면 업무를 조화롭게 진행하고 있었고, 한국 마트와 음식점도 예전보다 많이 생겼다. 마트에도 한국 음식들이 많이 보였다. 집에 짐들이 채워져 가고 우리도 이 집도 익숙해지고 있었다. 무엇보다 산책로가 있고, 조용하며, 베란다 너머로 나무들이 보이는 이곳이 참 좋다. 한적할 때 앞 동의 테라스의 전등이 빛나고 어르신이 의자에 앉아 쉬는 모습을 보고 있으면 나까지 편안해진다.

아이들이 다닐 학교를 알아봐야 할 시간이 다가왔다. 미국의 공립 초등학교에 보내려면 결핵 피부 검사를 해야 한다. 미국에서는 결핵 예방 접종을 하지 않기에 전염병을 막으려는 차원으로 결핵 검사 결과가 필수다. 한국인들은 결핵 예방 접종을 하기에 피부 반응이 간혹 나온다. 그렇기에 결핵예방 접종에 대한 정보를 잘 아는 병원을 방문해야 했다. 우리가 알아본 한인 병원으로 문의하였고 예약이 가득 찼음에도 우리를 마지막으로 넣어 주어 다가오는 토요일 날 검사를 받을 수 있게 되었다. 약을 피부에 투입하고 이틀 후에 테스트 결과를 확인하였다. 다행히 아이들은 아무런 반응도 나오지 않아 바로 통과하였다. 의사 선생님께서는 아이들의 경우 대부분 음성이며, 어른의 경우 양성 반응을 보이는 사람도 많다고 하셨다. 결핵 테스트가 통과하지 못하면 약을 6개월간 복용해야 하는데 이 과정이 힘들다고 한다. 걱정이 많았지만, 아이들의 결과를 보고서 안심이 되었다. 드디어 학교 갈 서류들은 모두 준비가 되었고 학교 갈 날을 기다리면 된다.

다양하고 많은 일들을 하고 집으로 돌아왔다. 서둘러 저녁을 하고 우리는 청소기 포장 박스를 식탁으로 삼아 늦은 저녁 식사를 한다. 작은 그릇 위에 김치와 고기를 올리고 흰밥과 라면을 같이 먹는다. 이때는 흰밥에 고추장을 비벼서 먹고, 라면 한 그릇 먹으면 행복이 바로 옆에 있는 것 같았다. 이사를 하고 처음 정착할 때는 캠핑장으로 온 느낌이 들었다. 모든 과정을 아이들과 함께 다니고 일을 하는 과정에서 아이들은 처음엔 낯선 물건과 상황에 신기함을 느꼈다. 이 모든 과정이 힘들지만, 이 순간을 즐기고 싶다.

# 시작은 설렘과
# 긴장을 동반한다

　미국 학교는 어떤 곳일까? 내일이면 아이들이 학교에 간다. 그래서 집에서 얼마나 걸리는지 걸어가 보기로 했다. 아파트 길을 따라 걷다 보면 육교가 나온다. 이어서 산책로가 나오고, 주변에는 작고 귀여운 야생 토끼들이 보였다. 겨울이지만 기온이 높아, 나무와 풀들이 초록빛을 가지고 있었고, 아침이라 작은 이슬도 맺혀 있었다. 앞마당에 오렌지 나무가 있는 작은 주택과 거대한 저택들이 눈앞에 펼쳐지기도 했다. 단독 주택을 지나다 보니 학교가 도착하였고, 걸어서 25분 정도가 걸린다. 산책하기엔 좋지만, 아이들이 아침마다 걸어 다니기는 힘겨워 보였다. 아마도 이 산책로가 우리가 이곳에 정착하는 데 중요한 역할을 할 것으로 생각을 하였다.

드디어 첫 등교 날, 6시에 일어나 서둘러 아침 식사를 하고 7시 20분에 학교로 향했다. 학교에 7시 45분까지 등교하여 오피스에 들러 교실 배정을 받았다. 학교에서 처음 만난 분이 바로 교장 선생님이다. 그분의 안내에 따라 둘째가 있는 교실에 가서 담임 선생님께 인사를 하고 이어서 5학년 반으로 갔다. 그곳에는 이미 몇 명의 학생들이 등교해 있었다.

점심과 간식을 받으려면 따로 강당에 가서 줄을 서야 한다. 따로 조리실이 없기에 도시락을 비닐봉지에 담아서 준다. 아이들은 동시에 등교할 수 있고 저학년과 고학년을 나뉘어 5분 간격으로 수업을 마친다. 한국 학교에서는 가장 긴 수업을 하는 날이 목요일인데, 이곳에서는 목요일이 11시 45분에 일찍 마치고 노는 날로 정해져 있었다. 나머지 요일은 모두 오후 2시 40분에 마친다. 준비물 없이 바로 학교에 다닐 수 있어 학교 다니기에 특별한 준비는 필요 없었다. 전체적인 일정을 확인하고 두려움과 설렘의 연속인 두 딸의 학교 생활이 시작되었다. 첫날 마치고 돌아오는 차 안에서는 끊임없이 대화가 이어져 갔다.

다음 날 아침은 우리는 등교 시간보다 30분 일찍 학교에 갔다. 먼저 도착한 우리는 운동장으로 갔다. 도착한 학생들은 교실 밖에 설치된 가방 걸이에 가방을 걸어 두고 운동장 방향으로 반마다 서 있게 된다. 그곳에서 학생들 등교 체크를 하고 교실로 들어간다. 첫째 말로는 체육이 두 시간 정도로 길고, 매일 한다고 한다. 그러고 보니 체격이 통통한 친구들이 한두 명뿐이며, 모두 날씬했다. 둘째는 또래에 비해 키가 많이 작은 편이다. 한국 학교에서는 작은 체구 때문에 요정이란 별명도 얻었었다. 이곳에서는 인종이 다양하여 키가 작은 친구들도 있어서, 키에 대한 언급은 듣지 못했다고 한다.

아이들이 학교 간 사이 우리 부부는 못다 한 일들을 처리하러 다녔다. 아이들은 잘 적응하고 있을지 궁금하였다. 한국에서 최대한 영어를 접할 수 있게 영어 유치원도 보내고, 영어 학원도 지속해서 보냈지만, 현실의 영어권에서 생활한다는 것이 얼마나 낯설까?

일주일 다닌 후에는 18일 정도의 겨울 방학에 들어간다. 평소보다 일찍 일어나 식사하고 학교에 가야 하기에 아이들은 누구보다 바쁘게 시작한다. 아이들을 차로 데려다 주어야 했기에 등교 시간에 맞추어 서둘러야 했다. 아직은 적응이 되지 않지만, 하다 보면 일상으로 잡힐 것 같다.

아이들은 일찍 일어나기 위해 잠자리도 일찍 든다. 감사하게도 아이들은 호기심이 있어 등교하고 학교에 빨리 가고 싶어 한다. 학교에서 크롬북을 개별적으로 나누어 준다. QR코드로 로그인하여 자신의 학습 과정을 진행한다. 아이들이 접속한 기록들이 부모들 메일로 전송이 된다. 첫째는 4학년을 다니다가 5학년으로 진학 되었기에, 수학 진도는 이미 많이 뒤처져 있었다. 한국에서 오면 수학을 모두 잘한다고 생각하겠지만 이곳 학생들도 선행하는 친구도 있기에 개인 공부가 필요해 보였다. 지금은 수업에 잘 따라가 주길 바랄 뿐이다. 코딩 수업과 책 읽고, 시를 적고, 학부모와 학생들 앞에서 낭독하는 것이 이번 주 수업이었다. 달라진 익숙해질 날이 언젠가 올 것이라 믿는다.

한국에서는 연산에 집중해서 공부시키고 있는데, 이곳의 수학 수업은 연산 과정을 그림이나 수식선 위에서 설명하는 경우가 많았다. 답을 문장으로 적고, 설명도 요구를 한다. 영어 해석하고 수학 문제 풀고 그림으로 표현하는 것이 가장 어려웠다. 수학을 원리 위주로 배우고 실생활에 쓰이는 문제를 풀어가는가는 것이 좋다고 생각한다. 아이들이 학교에 적응하는 동안, 나는 들어온 이삿짐을 정리하고 있었다. 남편도 첫 출근을 시작하여 새로운 일터에서 노력하고 있을 터였다.

학교에서 아이들에게 자주 간식거리를 준다는 것이 신기했다. 간식과 점심이 모두 미국식이다 보니 우리가 보기엔 모두 간식으로 보인다. 학교는 학부모 기부금과 지역 회사의 많은 지원을 받아서 운영된다고 한다. 구글 본사가 바로 이곳에 있다. 그래서 대부분 무료로 수업을 받고 간식과 점심을 먹을 수 있다. 집에서는 한식으로 먹기에 급식으로 미국식 음식을 접해 보는 것도 좋다고 생각했다. 도시락을 매일 싸 주지 않아도 된다는 장점도 있기에 최대한 학교 급식을 이용해 보려고 한다.

나는 하교 15분 전에 도착하여 차에서 기다린다. 시간에 맞춰서 나가면 되지만, 항상 먼저 몸이 문을 나서고 있고, 차에서 기다리는 것이 마음이 제일 편하다. 이곳 역시 할머니, 할아버지를 비롯하여 많은 학부모가 학교 주차장을 둘러싸고 차 안에서 아이들을 기다린다. 하교 시에는 학교 안에 들어갈 수가 있다. 넓은 운동장에서 둘째는 언제나 씩씩하게 혼자 걸어 나오고, 첫째는 친구들과 걸어 나온다. 어디서나 자식은 쉽게 찾을 수 있다.

땅이 넓은 만큼 운동장도 거대하였다. 놀이터가 크게 세 군데로 나누어졌고, 아이들은 넓은 잔디밭에서 하키와 축구를 하고 있었다. 교실은 모두 단층으로 되어 있고, 중간에 다른 학년이나 다른 반 친구들이 왔다 갔다 한다. 그렇다 보니 지나가다 딸들끼리 서로 만날 기회도 많다고 한다. 첫째가 전학을 와서 유치원생 한국인 학생을 불러 5학년에서 같이 수업 받은 적도 있다. 유치원과 6학년, 1학년과 4학년 학생들이 서로 교류한다. 그렇다 보니 전교생들이 서로 소통하고 있었다.

겨울 방학 전 짧은 2022년 학교 생활이 마무리되었다. 새로운 학교를 다니고 미국으로 적응하기까지 불평 없이 따라와 준 두 딸에게 감사하다. 학교란 곳은 꿈을 키워 주는 곳이다. 이곳에서 어떤 친구들을 만나고 그들과 어떤 추억을 만들어 갈까? 딸들이 많은 경험을 하고 의미 있는 사람으로 살아가길 희망한다.

# 좋은 일만 있으면 좋겠지만
# 가끔 고통을 준다

　캘리포니아의 따뜻한 햇살, 맑은 공기, 신비로움이 우리를 반겨주는 것은 잠시다. 적응의 시간이 왜 필요한지 알려주는 것 같다. 계속해서 재채기와 콧물, 간지럼이 느껴지더니 쉽게 짜증 나고 화가 나기 시작한다. 아이들이 분명 시끄럽게 뛰어놀고 건강함에 감사함을 느끼는 것이 당연한데 왜 이렇게 짜증이 나고 간지럽고 화가 나는지 모르겠다. 이런 불쾌감을 날려버리는 것은 받아들임과 운동, 그리고 휴식이다. 물갈이 때문인지, 온도 변화에 적응하려는 것인지, 건조한 겨울 날씨, 카펫에서의 생활의 부작용으로 나오는 것인지 이 불쾌감을 없애고 싶었다.

　그래서 CVS(약국)를 찾아 지르텍(알레르기 약)을 구입하고 코스트코에서 에드빌(성인과 아동용 진통해열제)을 구입을 추가로

하였다. 가려움으로 몸 구석을 긁게 되고 상처가 생기고 딱지가 생겼다. 거울을 보니 얼굴은 여드름 자국처럼 울긋불긋 상처가 덮여 있었다. 저녁에 식사 후 알레르기 약을 먹고, 샤워하고 보습 크림을 듬뿍 발라주니 조금 나은 것 같다. 그동안 끼니를 간단히 먹다 보니 반 조리 식품이 많았는데, 이젠 집에서 직접 요리하거나 신선한 야채와 과일 위주로 먹어서 면역을 키우는 방법밖에 없었다.

지금까지 힘겹게 부지런히 왔음에 감사함을 느끼고 연말을 즐기며 살면 좋지만 우리들의 삶은 그렇게 여유로움을 찾지 못하고 바쁘게 흘러간다. 남편이 일한 지 일주일 되지 않았고 바로 연말 휴가라서 월급이 언제 얼마나 들어올지는 모르는 상황이다. 그래서 최대한 아껴야 하고 저축해 둬야 한다. 전기세, 식비, 생활비 모두 얼마나 나올지 모른다. 다행인 것은 식구 모두 미식가도 아니고 외식을 좋아하지 않아 집에서 식사를 충분히 할 수 있다는 것이다.

남편은 남편대로 회사 적응하느라 바쁘다. 가족을 부양해야 하고 이끌어 가야 하는 책임감은 얼마나 무거울까? 언어 장벽이 가장 크다고 한다. 모국어가 아니라서 영어를 능숙하게 하지 못하지만, 이곳에서 도전하는 자체가 대견스럽고 도전적인 것 같다. 자신이 가진 능력을 언어의 장벽 때문에 제대로 발휘하지 못한다면 얼마나 답답할까? 어떨 때는 한국어가 세계 공통어가 된다면 영어에 쏟아 부은 시간과 열정이 다른 곳에 집중될 수 있어 더 빛을 바랄 텐데 아쉽다. 현실은 아니기에 우리는 영어에 많은 시간과 돈을 투자하는 것은 당연하다.

한국에서 보낸 이삿짐이 오고 나서 짐 정리를 하나씩 한다. 그릇, 책, 신발 정리를 마치다 보니 붙박이장의 서랍장이나 옷걸이가 없어서 정리하는데 어려움이 있었다. 치수를 재고 서둘러 수납장과 옷걸이 대를 주문했다. 안방에 정리함을 조립하여 끼워 넣어 보니 어른들의 옷은 한가득 정리가 된다. 온라인에서 구입한 아이들의 옷장 정리함은 택배가 오면서 분실되었는지 오지 않았다. 안타깝게도 100달러가 사라져 버렸다. 근처 마트에 가보니 정리함 4단 서랍장을 34달러에 팔고 있었다. 서둘러 사 와서 아이들에게 각자의 옷을 정리하게 했다. 아이들은 자신의 스타일대로 정리를 한다. 그렇게 방과 거실, 부엌이 정리가 되어져 갔다.

처음에는 이케아 매장에 가서 가구와 침대 매트리스를 사려고 했지만, 생각보다 종류가 많지 않고 아이들 취향에도 맞지 않았다. 우리는 값싸고 오래 쓸 물건들을 찾고 있었다. 그래서 아마존에서 대부분 구입하였고, 매트릭스도 진공 포장으로 말아져 배송되었다. 침대 프레임을 나르는데 순간 어지러움이 몇 분간 지속되었다. 스트레스가 온몸으로 퍼져 있고 혈액이 순환되지 않음을 알 수 있었다. 잠시 소파에 누워 몸을 이완시키고 다시 일을 이어갔다.

온 가족이 24시간 같이 있으니, 딸들의 모습에 집중하게 된다. 뛰어놀게 되면 층간 소음이 걱정되고, 놀다 보면 싸우고 울고불고하며 엄마 아빠에게 달려와 하소연한다. 아이들의 웃음소리가 좋지만 소음으로 들리는 순간이 자주 있다. 짐 정리가 되니 평소 하던 걱정들이 다시 찾아와 나를 답답하게 한다. 아이들은 어떤 길로 걸어야 하는가? 스스로 찾아가면 되는 것이 아닌가? 노는 것이 최고이긴 한데, 그래도 아이들이 좋은 환경에서 영향력 있고 의미 있는 사람으로 꿈을 키워갔으면 좋겠다.

한글을 잊을까 봐 오전에 한글 독해 문제집을 두 장 풀고, 저녁에는 수학 공부를 하게 한다. 미국에 왔다고 무조건 밖에서 놀거나 공부하지 않는 것은 아니다. 알게 모르게 공부하고 있으며, 어떤 이는 운동을, 또 다른 이는 악기를 열심히 배우고 있다. 그것으로 자신의 걸어가야 할 길의 잠재력을 키우고 있었다. 우리 딸들은 이민을 왔기에 이곳의 학생들과 달리 영어를 배우는 것에 더 힘을 쓰고 있다. 아이들이 영어 공부는 학교에서 충분히 접하기 때문에, 오로지 한글과 수학, 과학에 집중하기로 했다. 아이들이 즐기면서 공부하고 자신의 길을 찾아가는 주체성 있는 성인으로 자라가길 희망한다.

아이들이 학생으로의 역할을 하면서도 책임감을 느끼길 바란다. 그래서 두 딸에게 집안일을 조금씩 나눠 준다. 아이들에게 집안일은 남의 일이 아니라 자신들의 일이며 놀이임을 인식시켜야 한다. 첫째는 아침에 일어나 강아지의 밥을 주고, 배변 패드와 물을 갈아준다. 둘째는 신발 정리와 수저 놓기를 담당하고 있다. 가끔 아이들이 옷을 정리하고 설거지를 하는 것을 보면 기특해 보인다. 남편과 내가 할 수도 있겠지만 아이들이 하도록 기다려 준다. 그 과정 중에 아이들은 잔소리로 여기고 하기 싫다고 하지만 무조건 부모가 다 해 주는 것은 아니라고 이야기한다. 어려움 없이 클수록 더 많은 책임을 알려 주고 싶다. 쉽지만 마음먹지 않으면 아이들이 배울 수가 없다. 이렇게 하면 아이들이 성인이 되었을 때 스스로 자립해서 살 수 있을 것이다.

오늘도 아이들에게 같은 말을 반복한다.
"너희는 좋은 환경에서 좋은 교육을 받고 좋은 위치에 올라서 의미 있는 사람이 되도록 해. 고등학교 졸업하고 너희는 독립해서 나가도록 해. 대학교도 장학금 받고 인정받는 곳으로 가서 너희들 꿈을 이루도록 해. 엄마가 시키는 대로 하지 말고 너희가 더 해야 할 것을 정해야 하며 주체적으로 살아가야 해. 엄마가 시키는 꼭두각시가 되지 마."

자녀에게 이야기하고 싶은 것을 이어갔다.
"세상은 넓고 아름다우며 기회도 많고, 보람찬 일도 많이 할 수 있는 곳이야. 주도적으로 자신이 잘하고 즐기는 일을 찾고, 자신의 가치를 스스로 올리면서 스스로 만족스러운 삶을 찾아가는 사람이 되어야 해."
아이들이 나의 말을 이해하는지 모르겠지만 언젠가는 반복적으로 이야기 하면 알아들을 때가 있을 것이라 여겨진다.

적응에는 생활의 적응만 해당하는 것이 아니었다. 우리 몸도 환경에 적응하는 시간이 필요하고, 커가는 자녀들을 지켜보는 엄마에게도 기다림이라는 적응의 시간이 필요하다.

# 항상 좋은 것만
# 따라갈 수 없다

 한국에서도, 미국에서도 이사를 결정하기 전 학군을 찾아보는 것이 당연한 것이 되었다. 학부모라면 누구든지 일 순위로 보는 게 학군이다. 자녀가 적응하고 친구들을 사귀고 나면 이사를 하고 전학하기는 쉽지가 않다. 거기서 소모되는 정신과 에너지가 상당하기에 처음부터 자리를 잘 잡으려고 할 것이다. 학교의 점수, 교육의 질, 거리가 가장 최우선으로 만족스러워야 한다. 실리콘 밸리에 와서도 더 좋은 학군을 찾는다는 것은 당연하다. 공립 학교마다 운영되는 프로그램과 서비스가 다르기 때문이다.

 미국의 학교 점수는 'Greatschools'(학교의 인종 분포, 교과 성적, 대학 입학 비율에 관한 정보를 제공하는 사이트)에 초, 중, 고등학교 공립에 관한 점수가 평가되어 있다. 물론 좋은 학군에 위치할수록 주변의 집값도 올라간다. 한국처럼 미국도 마찬가지였다. 실리콘 밸리에는 유명한 학군이 팔로알토나 쿠퍼티노다. 특히 팔로알토는 집값이 비싸기로 유명하고, 쿠퍼티노는 학구열이 높은 인도계와 중국계 사람들이 살고 있다. 마치 서울의 강남구 대치동과 같다고 한다. 직접 경험해 보지 않았기에 분위기가 어떠할지 모르겠지만 아이들이 적응하기 힘들 것 같고, 무엇보다 우리 아이들이 뛰어난 두뇌를 가지고 경시대회까지 나갈 실력이 아니기에 쿠퍼티노 지역은 피하게 되었다. 두 지역을 피하고 남편 출근이 편리하고 학군도 나름 괜찮고 교통이 편리한 마운틴뷰로 결정하게 된 것이다.

외국을 가면 한국 사람을 만나지 않고 외국 사람이나 현지인들을 만나서 사귀며 그들과 동화되길 바라는 사람들도 있지만, 우리는 한국 정서와 문화를 이어 가고 싶고, 그들에게 분명 좋은 이웃이 될 수 있으리라는 자신감이 있었기에 한국인들을 만나고 싶었다. 아이들을 위한 목적도 있었지만 우리와 대화가 통하는 사람들을 사귀고 싶었기도 하다. 특히 외로움을 잘 타고 사람들과의 관계에서 좋은 에너지를 받는 나에게도 꼭 필요한 부분이었다.

그런데 이곳은 생각보다 중학교가 좋지 않아 사람들이 사립 중학교를 보내거나 타 지역으로 이사를 많이 한다고 한다. 그러고 보니 중학교 숫자가 얼마 없는 것이 이상하기도 하였다. 학교 정보에 의하면 아시아 비율이 35%에서 15%로 급격히 떨어졌다고 한다. 하지만 고등학교는 대학 진학률도 높고 아이들도 순하고 좋아서 인기가 많다고 하였다. 보통 아시아 비율이 높을수록 학군이 좋다. 아시아 사람들은 자녀 교육에 관심이 많고, 교육열이 높아 좋은 학군으로 이사를 한다. 집으로 돌아온 나는 중학교에 대해 열심히 알아봤다. 역시나 중학교의 평가가 좋지 않았다. 집 근처에 또 다른 사립 중이 있었는데, 이곳은 아카데믹하고 클럽 활동이 많아서 인기가 많았다.

여유롭다면 사립에 보내겠지만 간신히 월세를 내며 생활하기도 벅차기에 꿈꿀 수 없다. 무엇보다 캘리포니아는 공립 학교가 좋기에, 좋은 교육을 받으며 다닐 수 있을 것이다. 그러면 우리는 점수가 좋은 학교를 따라 이사를 해야 한다. 과연 어떤 곳일까? 다시 집 구하기 전으로 돌아가는 것 같았다. 하지만 특정 지역은 집값이 너무 비싸 엄두도 못 내고 높은 학구열 때문에 접근이 어려웠다. 이사를 온 지 얼마 되지 않아 당장 이사는 어렵겠지만 살아보고 생각할 부분이라고 미뤘다.

한국에서도 학교와 지역 분위기를 따지며 좋은 학군의 아파트를 고르고 살았는데, 이곳에 와서도 여전히 이러고 있는 것이 답답할 노릇이었다. 잘하는 아이는 어디서든 잘한다. 사실 두 딸이 사람들을 만나고 사교성이 좋은 편이라 잘 사귀고 금방 친해질 것 같지만 학습적인 분위기나 생활 태도 면에서는 친구 영향을 많이 받기에 주변 환경을 따지지 않을 수가 없었다. 어쩌면 내가 자녀를 믿지 못해서일 것이다. 아이가 분명 자신의 주관대로 잘 살아갈 것이라 믿고 내버려 두면 되는데 혹시나 다른 방향으로 갈까 봐 걱정이 된다. 위험하고 어려운 것은 최대한 접하지 않길 바란다.

집 위치, 집값, 학교 위치, 학교 점수, 인종 분포에 대해 살펴보면서 잠을 설치게 되었다. 멍한 상태로 다음 날 일을 보고 있는데 남편에게 전화가 왔다. 첫 월급이 들어온 것이다. 이곳에서는 월급이 2주 단위로 들어오기에 일을 한 주 하고, 연말 휴가를 보냈음에도 월급이 빨리 들어 왔다. 어떻게 된 일일까? 아파트 월세 내고 생활비 하기에도 빠듯한 금액이었다. 이곳에서 적당한 금액으로 잘 골랐다고 생각하였는데, 아파트 월세 내기에도 부족한 금액이다. 사립 중학교로 전학하거나 이사하는 비용을 아껴야 했다. 집 걱정 없이 살던 한국이 그리워졌고, 금전적으로 힘든 이곳에 무엇 때문에 이민을 왔는지 순간적으로 혼란

이 왔다.

 두 딸을 사립 중학교에 보내는 것과 이사는 헛된 욕심이었다. 하루 종일 학군에 대해 고민하던 내게 이제 그만하라고 알려 주는 것 같았다. 그러고 나서 주어진 대로 절약하며, 돈을 모아 집을 사고, 아이들 공부를 봐 주며, 스스로 학습이 되도록 잘 유도하는 것이 엄마의 역할이라는 생각이 들었다. 모든 것을 만족하는 곳은 없다. 어디를 가든 모든 것을 만족하는 곳은 없을 것이다. 적어도 이곳은 중학교 점수가 조금 낮을 뿐이지 그곳이 어떠한 프로그램으로 진행되는지 모르기에 서둘러 나쁘다고 단정 지을 수가 없다. 무엇보다 딸들이 친구들과 잘 어울리며 미래의 꿈을 이야기하며 자신의 길을 잘 닦아 나갈 수 있기를 희망한다.

 학군이라는 게 뭔지, 나는 아직도 점수로 학교를 줄 세우고 있었다. 내가 인종 차별을 당하는 것은 싫어하면서, 나 스스로는 인종을 차별하고 있는 지금, 많이 반성해야 한다. 나 또한 좋은 학교는 아니지만 그곳에서 만난 몇 명의 친구들과 선생님들이 나의 길을 나아갈 수 있게 좋은 영향을 주었다. 교육의 목적이 무엇인지 다시금 생각해야 한다. 좋은 학군을 찾기 우선에, 딸들이 학교를 재미있게 다닐 수 있도록 적응하는 것이 최우선임을 잊지 말아야 한다. 나는 이렇게 흔들리는 나를 다잡고 있었다.

# 사람 사귀는 것
## -아이는 부모를 따라 배운다

"얼마 전 이곳으로 이민 온 초 1 학년과 초 5학년 두 딸을 둔 엄마입니다. 생각보다 한국 분들을 만나기 힘들어요. 아이들이 또래 친구를 만나지 못해 안타까운데 근처에 사시는 분이 계시면 연락해 주세요."

지역 카페에 글을 올렸다. 한국 분들이 많아서 오고 가다 만날 줄 알았는데, 실제 만나기 힘든 곳이어서 어쩔 수 없이 글을 남긴 것이다. 우리는 미국으로 왔다고 해서 미국 현지인들이나 외국인들을 만나서 영어로만 이야기하길 바라는 것은 아니었다. 영어를 잘 못하는 이유도 있겠지만 정서에 맞는 한국 분들을 지속해서 만나고 유지하고 싶다. 한국이 싫어서 이민이 온 것이 아니기 때문이다.

그렇게 기다리는 중 세 명에게 메일이 왔다. 우기인 지금, 비 안 오는 날을 찾고, 근처 공원 놀이터에서 만나기로 했다. 감사하게도 오전 11시부터 오후 1시까지 비가 오지 않았고, 얼굴 보며 이야기할 수 있었다. 두 딸은 한국 말하는 친구가 나와서 기쁘다고 했다. 학교에서는 영어로 하면 말문이 막힌다고 했다. 아이들은 오랜만에 말문이 터져 행복한 시간을 보내고 있었다.

만남을 주체한 것은 나이지만 그렇게 이야기를 주도하지 않는다. 새로운 사람과의 이야기는 더 그렇다. 밝은 분들을 만난 것 같아 다행이었고 아이들도 잘 놀아 주었다. 나는 상대방의 이야기에 집중하고 자신의 이야기를 적당히 해 주는 분에게 매력을 느끼는데 이분들이 마침 그러했다. 아쉬운 것은 모두 운전해야 만날 수 있고 학교도 모두 다르다는 것이다. 이번 만남은 우연은 아니기에 더 신경을 써야 할 부분이 많았다.

다음 날, 아이들과 집 근처 산책로에서 인라인을 타고 난 후, 아파트 오리 연못으로 향했다.

멀리서 "아빠! 아빠!" 소리가 들렸다.

첫째와 나는 두 눈이 동그랗게 되면서 여기도 한국 사람이 산다는 생각에 흐뭇해졌다. 일단 근처로 가보고 먼저 말을 걸어

보려고 했다. 우리는 한국말이 들리면 순간 미어캣으로 변한다. 아마 우리 두 명이 더 간절히 한국인을 만나길 바랐나 보다. 아이의 아버지로 보이는 분이 시선을 멀리에 두고 계시기에 우리는 아무 말도 못 하고 아파트 오피스 쪽으로 향했다. 딸들이 나의 이런 모습을 배우고 있다는 생각이 들었다.

"아이 아빠가 한국 사람을 마주치는 것을 싫어하시는 것 같아! 다음에 기회가 있으면 다시 말 걸어 볼게."

사교성 없는 엄마라는 것이 확인되는 순간이었다. 집으로 가기 전 오리에게 나무 열매를 따 주는데 아이가 우리 곁으로 오고 있었고, 마침내 우리는 인사를 건넸다. 알고 보니 그 가족은 우리의 옆 아파트에 거주하고 있었다. 그분은 초등학생 여자아이를 둔 아버지였다. 아쉬운 건 다음 주에 아버지가 한국으로 가고 아이와 엄마만 이곳에 남는다는 거였다. 우리의 인연이 어디까지 닿을지 그때는 몰랐다.

보통 서로 이야기를 오래 하고, 연락처까지 받았지만, 이번은 왠지 모르게 하면 안 될 것 같았다. 억지로 인연을 만들기보다, 천천히 학교를 오고 가다 자연스럽게 만나길 원했다. 새로운 사람을 만나고 헤어지는 데 익숙해져서 나오는 습관이었다.

친정 엄마는 어디서든 쉽게 사람을 사귀신다. 큰언니가 대학병원 입원해 있을 때, 엄마가 간호를 해 주었는데, 엄마는 어느 순간 옆의 아주머니들과 사귀고 이야기를 나누고 계셨다. 그 모습을 본 언니는 엄마는 어디서든 잘 지내실 것 같다는 인상을 받았다고 한다. 나는 수줍음이 많고, 친정 엄마와는 아주 달랐다. '나는 왜 사람들을 쉽게 사귀지 못할까?' 아이들이 바로 옆에서 보고 있는데… 점점 위축되었다.

환경에 적응해 가기 마련이기에, 우리도 시간이 지날수록 새로운 사람들을 사귀고 잘 보내고 있다고 생각한다. 예전에 그랬듯 좋은 지인, 마음이 통하고 따뜻한 이웃을 만나는 것은 행운이다. 이전에도 그랬고, 지금도 좋은 인연을 만들어 갈 것이라 믿는다. 많은 사람을 알고 지내는 것이 아니라 우리와 잘 맞고 마음이 따뜻한 좋은 인연을 만나고 싶다. 그렇기에 인연을 억지로 만들지 않고 자연스럽게 만나고, 관계를 잘 이어가도록 노력할 것이다. 내가 타인을 공감하고 사람을 편안하고 진심으로 대하는 친정 엄마의 모습을 보고 자랐듯이 내가 지금 행동하는 모습을 보고 딸들이 배울 것이다. 사람 사귀는 법, 어렵지만 이제는 내가 딸에게 보여 줘야 할 시간이다.

# 각자의 위치에서
# 생존하는 법을 배우다

 아이들이 학교에 가고 나면 혼자만의 시간을 보낸다. 이 시간이 없으면 나의 뇌와 몸은 진정이 안 되고 항상 피곤하거나 가시를 세운 고슴도치 같다. 아이들과 남편이 나가고 나서 혼자 집에 있으면 특별한 스트레스가 없는데 나는 항상 날이 서 있다. 아이들의 생활을 보살피고 남편의 회사 이야기도 들어 줘야 한다. 그들의 힘듦을 알기에 이유 모를 나의 힘듦을 이해해 달라고 할 수 없었다. 나는 직장 생활을 하지 않고 실제로 언어 장벽을 겪는 것도 아니기에 큰 고통은 없기 마련인데 왜 그리 버거운지 모르겠다. 아버지가 돌아가시고 아픔을 치유할 시간도 없이 미국으로 이사를 하고 정신없이 보내고 있었다. 혼자 있는 오전 시간이면 하염없이 눈물이 흘렀다. 이제야 이별의 시간을 갖고 있었던 것이다.

적응과 동시에 시작된 나의 간지러움이 온몸으로 퍼지고 불쾌지수가 올라가고 짜증이 났다. 아이들이 나를 찾는 것이나 남편이 부탁하는 것을 좋게 받아들이지 못했다. 긴 가려움이 지속되었고, 신경은 예민해지고, 불면증이 2달간 계속되었다. 아토피가 있는 사람들은 이 고통을 어떻게 견뎌 내는지 궁금하였다.

얼른 가려움의 고통부터 제거해야 했다. 인터넷 카페와 포털에서 정보를 찾고, 물갈이인지, 알레르기인지, 진드기인지 모르기에 병원을 방문하기로 했다. 다행히 25분 거리에 있는 한국인 의사가 운영하는 병원에 갔고, 옴진드기가 아니라 베드 버그에 물린 것으로 진단받고 왔다. 그러나 나의 증상으로 보면 옴진드기에 물린 게 분명해 보였다. 특히 저녁때 극심한 가려움증이 시작되고, 잠을 설치게 된다. 특히나 가족에게 옮길 수 있기에 이불과 옷, 카펫 모두 청소해야 한다. 아마존에서 버그 제거제와 크림, 비누를 구입하고 하나씩 이용하고 있다. 병원에서 처방해 준 약으로 일주일 먹고, 가려움이 있을 때 바를 약 크림도 비상해 두고 있다. 아이들이 학교에 간 사이 이불, 옷, 카펫에 뿌리고 청소하였다.

크림을 바르면 조금은 가려움증이 사라지고 있는 듯하지만, 언젠가는 더 나아질 것이라는 믿음으로 이 또한 적응하고 있었다. 병원에서 처방 약과 크림으로 치료가 되기보다 인터넷으로 산 파스 냄새가 나는 크림이 더 효과가 있었다. 아이들이 벌레에게 물리거나 가려울 때 이 크림을 발라주니 금방 가라앉았다. 긴 고통 속에서 드디어 벗어나는 순간이 찾아오는 것 같았다.

 이민을 오면 영어를 배우거나 취미 활동을 열심히 할 거라고 생각했지만 나는 한국에서와 다름없는 생활을 이어 가고 있었다. 오전에는 동영상을 보며 자기 계발, 자녀 교육, 세금 절세의 자료를 보며 공부하고 있다. 그러한 자료들에서는 자신이 하지 못하는 것을 보지 말고 자신의 강점을 보고 살아가라고 한다.

 두 딸과 남편은 각자의 위치에서 적응하고 있다. 지금은 적응이란 단어보다 생존이란 단어가 더 익숙하다. 남편은 영어로 말하는 것이 가장 답답하고 회사 분위기가 한국과 많이 다르기에 적응이 필요하다고 한다. 한국 회사가 데이터 중심이라면 이곳은 아이디어를 높이 평가한다고 한다. 데이터 없이 한 시간 동안 회의를 이어가는 것이 놀랍다고 한다. 남편은 한국과 다른 회사 생활에 적응하는 데에 부족한 부분을 채우기 매일 2~3시간씩 책상에 앉아 공부하며 내일을 준비한다. 무엇보다 완벽함을 추구하고 내성적인 성격의 소유자인 남편이 어떻게 적응해 나갈지 우리 모두 지켜보며 응원하고 있다.

회사에는 간식과 음료수가 있어서 자유롭게 먹을 수가 있다고 한다. 점심 도시락은 며칠 전에 주문하면 먹을 수 있다. 햄버거, 피자, 샐러드, 치킨, 스시, 한국 요리(잡채, 불고기, 비빔밥)가 나온 적이 있다. 무엇보다 양이 아주 많다는 것이 놀랍다고 한다. 아침 8시에 출근하여 오후 6시에 집으로 돌아온다. 한국에서 회사 다닐 때와 업무 시간은 같다. 하지만 일하는 시간은 자신이 정해서 한다. 회사와 집까지는 15분 정도 거리로 미국에서는 아주 가까운 거리다. 집이 가깝기에 교통 체증을 느끼긴 어렵다고 한다. 남편은 남편대로 새로운 일터에서 살아가고 있다.

첫째는 한국의 친구들을 많이 보고 싶어 한다. 한참 수다를 많이 떨고 놀 시기인데, 말이 통하지 않아 아주 답답한 모양이다. 친구들이 보고 싶다고 침대 속에 파묻혀 운다. 일기장과 친구와의 대화를 보니 항상 그리움으로 쌓여 있다. 아침에 일찍 일어나 학교 갈 준비를 하며, 운동장에서 가방을 메고 혼자 서 있는 경우가 많다. 친구들 여럿이 모여서 이야기를 나누고 장난을 치지만 자신은 함께할 수 없음에 얼마나 속상할까? 일본계와 중국계 친구들이 먼저 와서 안아 주고 한두 마디를 건네며 인사를 하지만 이를 이어가지 못함에 벙어리가 된다고 한다. 지금으로선 지켜볼 수밖에 없는 부모라 안타깝다. 분명 좋은 환경에서 지낼 수 있다고 생각하고 왔을 텐데, 첫째는 생각보다 힘들고 슬프게 지내고 있다.

　둘째는 말이 통하지 않으면 몸으로 이야기한다고 한다. 첫째보다는 아직 친구의 영향력이 크지 않기에 친구들이 보고 싶다고 말하지 않지만, 항상 놀고 싶어 하는 마음은 간절하다. 학교 수업을 마치고 아이들을 데리러 가면 항상 놀이터에서 놀고 있다. 혼자서 구름사다리를 타도 신난다고 한다. 간식과 점심이 맛이 없다고 도시락을 사 달라고 한다. 선생님의 말씀과 친구들의 말을 전부 이해할 수는 없지만 표현하고 싶은 것은 몸으로 말하며 생활하고 있다. 옆 반 친구가 말을 잘 못한다고 놀렸을 때 속상했을 것이다. 아이들은 이렇게 슬픔과 아픔을 극복하며 성장하고 있다.

　아이들과 남편 모두 힘든 것은 언어, 영어다. 이 부분은 시간이 해결해 줄 것이라 믿는다. 하지만 영어를 습득하기엔 큰 노력을 해야 한다. 이제는 생존에 놓여 있다. 둘째는 천천히 배워도 되기에 부담이 되지 않지만, 첫째는 말하지 않기에 소극적으로 변해 버렸다. 말 한마디도 하지 않고 학교를 다녀오는 경우가 있고, 혼자서 책상에 앉아 있기도 하는 모양이다.

　6개월 후엔 아이들도 편해진다지만 그 6개월을 기다리기건

너무나 멀다. 과연 6개월 후엔 정말로 편해지는 것일까? 고비이기도 하고 변곡점이라고 하는 그 시기를 기다리고 있다. 남편은 가장으로 가정을 이끌어 가야하고, 아이들은 전학생으로 새로운 학교에서 적응을 해야 한다. 남편과 아이들 모두 낯선 곳에서 하루도 빠지지 않고, 각자의 가방을 메고 아침을 나설 때 보면 대견스럽고 미안해진다. 우리는 이민을 선택하였고, 자연스럽게 받아들이고 있었다. 언젠가는 지금보다 나을 거라는 희망을 품고서 각자의 위치, 공간에서 변화를 받아들이고 있다.

# 도대체 어떤 엄마가
# 되고 싶은 거야

  혼란 속에서 정돈됨을 찾아가는 것이 낯선 환경에서 적응하는 것이라고 생각한다. 이사가 힘들다는 것은 단순히 짐을 버리고 정리하고 청소하는 것이 힘든 것이 아니라, 집을 벗어나 새로운 환경에서 살아가야 하는 것이 힘들다는 것이다. 휴대 전화에 새로 만난 사람들의 연락처를 추가하고, 익숙하지 않은 음식점을 다니며 맛을 평가한다. 마트와 상점을 들러 필요한 물건들은 어디에 있는지 기록해 두며, 주말을 즐길 수 있는 곳을 찾아 시간을 보낸다. 모든 곳이 새롭고 낯설고 기록해 둘 곳이 된다.

  새로운 것에 신비로움을 느끼는 반면 익숙함이 좋기도 하다. 지쳐 있을 때 새로운 곳에 가서 세상의 넓음을 느끼고 숨 쉬고 있음을 느끼지만, 새로운 것이 너무 많을 때는 멈춤을 찾고 있다. 이곳으로 오고 나서 요즘 엄마의 역할에 대해 가장 많이 생각하게 되는 것 같다. 미국에서 학업 방향을 잡고 진로를 설정하는 것을 알아보고 있다. 내가 살아 보지 않은 길이기에 두 딸에게 '스스로 앞날을 개척해서 가는 거야.' 라고 말해 주기엔 너무 무관심하고 방관하는 것이 아닌가 싶다. 적어도 이곳 사람들과 이야기할 줄 알고 사회에 나아갈 수 있어야 하기에 낯선 과목과 교육 과정에 관심을 가지고 공부해 볼 수밖에 없다. 흔히 엄마의 정보력이 아이의 세상을 더 넓게 해 준다고 한다. 엄마들은 학교에서 자원봉사를 하고, 하교 후 아이를 태우고 무료든 유로든 방과 후 활동을 하러 다닌다.

하지만, 난 그렇지 못하다. 학교를 마치면 서둘러 아이들을 집으로 데리고 와서 간식을 준비한다. 근처 공원이나 산책로로 향해 산책, 줄넘기하며 킥보드를 탄다. 아이에게 충만함을 채워 주는 것이 아니라 사색의 시간을 주고 싶다. 주고 싶은 게 아니라 내가 할 수 있는 일이 그것이기에 하는 것이다. 멀리 운전을 나가지 못하고, 센터를 찾아 수업을 듣지 못한다. 남들처럼 하지 못함에 속상해할 필요는 없는 것 같다. 적어도 아이들과 함께하는 시간을 많이 갖고 이야기를 나누고 생활하는 것에 최선을 다하고 있다. 밤에 잠자리에 누우면 나의 신경은 방전이 된다. 딸과 생활하니 언제나 나의 정신이 방전되는 순간이 찾아오고 서둘러 재충전을 해야 한다.

  아침에 일어나서 국, 김치와 밥을 준비하고 아이들은 자리에 앉아 식사한다. 가끔은 정성스레 식사 준비를 하다가도 아이들이 잘 먹지 않는 것을 보면 점점 더 힘이 빠진다. 어릴 적 된장국에 밥을 말아 먹고 가던 나의 모습이 생각이 난다. 나의 모습은 점점 친정 엄마를 닮아가고 있음을 깨닫게 되고, 엄마의 장점을 본받고, 부족함을 아이들에게 더 채워 주고자 노력하는 것 같다. 아이들에게 잔소리를 하고 화를 내고 나면 미안함과 부끄러움에 고개를 숙이고 반성 모드로 들어간다. 좋은 엄마가 되고 싶은 마음은 더 간절해진다. 지금 나의 모습, 가정의 모습을 보고 아이들은 어른 된 자신 모습을 상상해 볼 것이다. 내가 행복해한다면 아이들도 성인이 되었을 때 행복함으로 가득 차 있을 것이다.

  아이들이 영상을 보는 시간을 조절하지 못하기에 당근 쿠폰을 이용하여 시간을 조절하였다. 아이들은 처음에는 불평이 많았지만, 차츰 주말에 해야 할 일을 생각하고 영상 시청을 줄였다. 인터넷, 휴대 전화 사용이 장점도 많지만, 단점이 많다고 생각한다. 아니란 것 알고 찾지 않으면 되는데 나의 의지와 상관없이 카테고리가 연결되어 전송되기에 자제심과 분별력을 키워

나가야 한다. 온라인 세상이 아닌 주위 환경에서 더 시간을 보냈으면 한다. 사실 이 과정이 언제까지 지속될지는 모르겠지만 지금은 계속 시도하고 있다.

놀랍게도 아이들은 부모와의 약속을 잘 지킨다. 그러면 부모는 어떠한가? 컨디션이 좋을 때는 아이들을 위한 활동을 하지만, 몸이 힘들다면 아이들과의 약속을 무시해 버리거나 핑계를 대로 매체의 도움을 빌린다. 아이들은 아빠와 게임을 하고 싶어서 낮에 한 게임 약속을 여러 번 확인했다. 그러나 남편은 밤이 되니 지치고 피곤하여 약속을 지키기 힘들어 했다. 나는 둘째하고 소꿉놀이를 한 시간 해야 했다. 방문을 열며 슬픈 표정으로 첫째가 들어온다. 아빠가 게임이 재미없다며 하지 않는다는 것이다.

어른들은 아이에게 약속의 중요성을 이야기하지만, 아이와의 약속을 가볍게 생각하기도 한다. 남편은 이번에도 대수롭지 않게 넘기려 하고 첫째는 이를 짚고 넘어가려 했다.

첫째는 "어른들은 약속을 지키는 것은 중요한 것이라고 이야기하면서 왜 약속을 지키지 않아? 아빠도 약속을 지키지 않으면 나도 약속을 지키지 않을 거야, 그리고 지키지 못할 약속은 하지 말아야 해."라고 충고한다.

  딸에게 배우는 순간이다. 어른이라고 어른이 되는 것이 아니다. 아이들에게 좋은 엄마란, 어떤 사람인 것일까? 하루에 몇 번씩 나에게 묻는다.

# 단조로운 일상에
# 의미를 부여하다

 누군가가 미국 생활이 어떠냐고 내게 물으면 생각보다 단조로운 일상이며, 한국과 생활은 다를 바 없다고 대답한다. 조금 더 일찍 일어나 아이들을 학교에 보내고, 집에서 밀린 일을 하고 강아지와 산책을 하고, 아이들을 데리러 학교에 간다. 그 후 아이들과 줄넘기와 산책을 하고 돌아와 국어 문제집을 풀고, 저녁 식사를 하고서 수학 문제를 한 시간 정도 푼다. 그러고 나서 남은 일들을 하다 보면 9시가 되어 가고 우리는 잠자리에 든다. 하루가 빨리 지나가는 것 같다. 겨울인 지금 5시간 넘으면 어두워지고 특별한 일이 아니면 밖으로 나가지 않는다. 사람들도 없을 뿐만 아니라 가로등이 없는 곳은 다니기 무서워서 다니지 않는다.

아이들이 단조로움에서 벗어날 수 있게 재미있고, 또래 친구들과 만날 수 있는 기회를 만들어 주기 위해 주변을 둘러보기 시작했다. 체육이나 미술, 음악 같은 학원을 찾아보니 마침 시립 학원과 사설 학원이 있었다. 이곳에서는 아이들의 사회성을 길러 주기 위해 소프트볼이나 축구, 야구를 많이 하기에 우리는 아이들의 바람대로 축구를 등록하였다. 토요일에 한 번, 근처 공원에서 진행이 된다. 두 딸이 축구를 싫어하지는 않을까 걱정하였지만, 코치님이 재미있게 진행해 주어 첫 수업은 순조롭게 진행이 되었다.

한국에서 방과 후로 피아노와 바이올린을 배워 왔기에 생활이 여유롭다면 계속 배우게 해 주고 싶었다. 하지만 피아노를 처분하고 왔고, 개인 지도를 받기에 아직은 넉넉하지 않다. 중학교에 가면 오케스트라에 들어가서 수업을 받을 수 있다고 하기에 조금 뒤로 미뤄뒀다. 미술을 특히 하고 싶어 하지만, 교육비는 한국의 2~3배로 들기에, 잠깐 하고 그만둘 생각이면 하지 않는 것이 좋다고 생각했다. 심지어 2월에 등록하려니 자리도 없다.

어떤 것이든 자녀가 원하면 좀 더 배울 기회를 주고 싶은 게 부모의 마음이다. 열정과 관심이 많은 아이들은 스스로 자신이 하고 싶은 것을 찾고 배우지만, 대부분은 부모의 권유에 이끌려 시작한다. 지금도 딸들의 의사를 묻지 않고, 도움이 될 것 같은 것을 권유한다. 어떤 것은 레슨비가 많을 것 같아 시도조차 하지 않는 것이 있다. 어떤 이유를 만들어서라도 부모가 원하는 것을 선택하여 배우도록 한다. 아이들에게 선택권을 줘야 하지만, 그러지 못함에 또 미안해지는 순간이다. 그래서 어릴 때 많은 경험을 하라고 하나 보다. 경험을 통해 실패와 성공을 맛보고 자신이 좋아하고 흥미로워 하는 것을 알게 되면서 다음 일을 선택하고 그것이 발전하여 자신의 직업이 되는 것 같다.

아이들이 집에 오는 시간이 오후 2시다 보니, 나와 강아지가 집에 있는 시간이 길고도 길다. 그래서 비가 오지 않으면, 옷을 갈아입고 아이들과 남편 차를 타고 학교로 향한다. 오늘도 둘째는 두 번째로 도착하였고, 우리는 가장 뒤에 홀로 서 있는 둘째를 위해 같이 서서 이야기하며 기다린다. 저 멀리 첫째가 보인다. 친구들과 아침 인사만 나누고 혼자 덩그러니 서 있다. 조잘거리며 친구들과 이야기를 나누던 한국 학교의 생활 모습이 겹치면서 안쓰럽게 생각이 든다. 이런 외로움과 어색함이 싫을 텐데, 학교 가는 날이면 언제나 먼저 일어나 준비하고 길을 나선다. 아이들이 학교에 가지 않는다고 가기 싫다고 말하지 않아서 감사하다. 이곳에 온 지 2달, 낯선 세계에서 각자의 위치에서 헤쳐 나가고 적응하려고 노력하는 것이 생존이 되어버렸기에, 생활은 이어가는 것 같다.

'친구들과 이야기하면서 놀 때, 언어가 통하지 않아 얼마나 답답할까?' 라는 생각에 미안해진다. 등굣길에 아파트 엘리베이터를 탔을 때, 남편도 언어의 장벽을 이야기했다. 그때, 첫째가 "그럼 미국에 왜 왔어? 힘들고 하기 싫은데, 왜 온 거야?" 라고 했다. 순간 우리는 말문이 막혀 버렸다. 그것이 정답인지 모르겠다. 하지만 나중에는 다르게 느낄 것이라고 기대하며 우리는 조용히 생각에 잠겼다.

한국에 있을 때부터 언어의 장벽을 알고는 있었다. 그러나 당장의 고통으로 다가오지 않았기에, 어떻게든 적응할 것으로 생각을 한 것이다. 하지만, 현실이 되었을 땐, 힘든 요소가 되는 것은 당연한 것이다. 하지만, 시간이 지나면서 차츰 익숙해질 것이라 여겨진다. 가만히 있으면, 변함이 없다. 적어도 아이들처럼 끊임없이 노력해야 한다.

마침내 학교 시작종이 울리고, 자녀들과 서 있던 부모들은 아이와 포옹하고 각자의 일터와 집으로 향했다. 남편은 차를 몰고 회사로 갔고, 나는 걸어서 집으로 간다. 멀게 느껴지던 그 길도 익숙해지니 너무나도 가까운 거리가 되어 가고 있었다. 초등학교가 등교 시간이 가장 빠르다. 중학생들이 자전거를 타고 등교하는 것을 보았다. 바구니에 가방을 싣고 달리는 모습이 먼 훗날 첫째의 모습이 아닐지 싶다.

집으로 돌아와 집안일을 하고, 한 시간 후 보리와 산책을 다시 나간다. 남편이 주로 하던 보리 산책이 미국으로 와서는 나의 담당이 되었다. 보리가 없었다면 나의 오전 시간이 더욱 무료했을 것이다. 산책 시간을 제외하고는 보리는 나와 있는 시간이면 거의 소파 위 담요에 누워 잠을 청한다. 보리도 나도 이 시간이 가장 고요한 시간이 되는 것이다. 아이들이 오는 순간 보리도 잠을 잘 수가 없고, 나 역시 계속 뭔가를 해야 하기에 오전 시간은 꼭 필요한 시간이다.

끊임없이 더 가치 있는 일을 찾고자 하는 마음으로 정보를 찾고 수집하고 있다. 아이들이 처음 등교하고 나서 거의 2주 동안 오전 시간은 거의 잠을 잤다. 밀린 피로감과 긴장감이 지속되었기에, 휴식과 재충전을 해야 하는 것 같았다. 잠을 자고 또 자고 자도 잠이 온다는 것, 셋째가 생긴 것은 아닌지 싶을 정도였다. 임신하면 잠이 쏟아지기 때문이다. 잠은 어느 순간 줄어들었고, 저녁 10시가 되면 잠자리에 들도록 노력한다. 그리고서 남편에게도 잠을 잘 때는 깨우지 말기를 부탁한다. 잠을 자고 싶어도 못 자는 불면증이 몇 년이 있었고, 그 이후, 수면 유도제도 몇 년간 먹었기에, 잠의 중요성을 너무나도 잘 알고 있다.

　단조로운 일상 속 엄마라는 이름을 빌려 나름대로 적응해 가고 있다. 의미 없는 일은 없다. 특별하고 놀랄만한 변화가 있는 것이 아니지만 분명 의미가 있을 것이다. 바로 일상이 주는 특별함이다.

# 환경이 바뀌었다고
# 모든 것이 바뀌지 않는다

　영어는 세계 공통어이기에, 삶에서 꼭 필요한 언어이다. 영어를 배우기 힘들었고, 주위에서 영어를 잘할수록 주눅이 들어 점점 더 숨기고 멀리하였다. 다른 것은 시도를 잘하는데, 영어를 하는 것은 너무나도 힘들고 기피하는 대상이 되었다. 영어로 놓쳐 버린 기회들이 많았기에, 자녀만큼은 영어에서 좌우되는 기회를 놓치지 않길 바랐다.

　미국으로 이민을 계획한 것은 2019년부터다. 그래서 영어를 배우는 것이 더욱 중요했다. 아이들이 미국 현지에 도착했을 때는 쉽게 적응할 수 있기를 바랐다. 첫째는 초등학교 4학년을 다니다가, 미국에 와서 5학년이 되어 버렸다. 미국에서도 3학년 이상부터는 학교 수업 내용도 어려워진다. 수학의 용어도 익숙하지 않지만, 무엇보다 다른 과목들의 난이도 차이가 컸다. 한국 수학에서는 연산과 사고력을 요구하는 어려운 문제를 다루는데, 미국에서는 기본 생활에 적용하는 문제를 풀게 한다. 답을 요구하기보단 수식을 써 내려 가는 것이 중요하기에 차근차근 과정을 적는 것이 중요하였다.

첫째는 수학과 예체능을 제외한 과목을 할 경우, 거의 알아듣지 못하고 멍하게 있다고 한다. 특히 코딩 수업은 어렵고 이해가 되지 않아 답답하다고 한다. 반면, 초등 1학년인 둘째는 내용이 쉽고, 거의 활동 위주의 수업이기에 어려움은 적다고 한다. 그리고 눈치껏 선생님과 친구들에게 이야기한다고 한다. 필요한 것이 있으면 반드시 요구하는 타입의 둘째는 걱정이 덜하다. 첫째는 어휘, 독해, 쓰기 모두 어려워하므로 이쪽에 초점을 두고 튜터와 함께 공부를 하든지 아니면 집에서 부족한 부분을 채워 가야 한다. 집으로 와서 끊임없이 노력해야 하기에, 교재와 방법을 또다시 찾아보게 된다. 독서 과외를 구하기도 힘들기에, 쉬운 것부터 차근차근히 해 나가야 한다. 첫째에게는 영어가 우선이 되어야 한다.

하지만 둘째의 경우는 한글 실력을 완전히 갖추지 않았기에 계속해서 한글 책을 읽고, 글쓰기 연습을 해야 한다. 미국으로 와서 한국 학교에 등록한 이유도 한국 문화를 잊지 않고 생활하기를 바라는 것도 있지만 한글을 배우는 것도 중요하기 때문이었다. 둘째에겐 영어보다 한글 학습이 우선시된다. 한글과 영어 공부의 순위를 매기는 것은 아이들이 이곳에서의 생활에 적응하는 것과 학업을 이어가는 속도가 좌우한다. 고학년일수록 영어에 중점을 둬야 하고, 저학년일수록 언어 습득이 빠르기에 한글을 잊지 않도록 노력을 기울여야 한다.

아이들이 이렇게 잘해 나가고 있는데, 그리고 방법도 찾고 있는데, 엄마인 나는 제자리 걷기를 하고 있다. 집과 학교, 주말에 마트와 나들이를 제외하면 영어를 접하는 일이 별로 없다. 가장 답답한 순간은 행정적인 일 처리를 할 때인데, 그 순간을 벗어나면 영어의 중요성을 또다시 잊어버리게 된다. 나만의 영어 공부법을 찾고 노력해야 한다. 아이들에게만 적응하고 공부하라고 말할 수는 없는 것이다. 아이들은 아이들 공부, 나는 나의 공부를 해야 한다.

어느 순간 나도 미국에서 일할 수 있을 것이라는 생각도 든다. 지금은 아이들 돌봄 시간에 투자해야 하는 일이 많지만, 둘째까지 중학교 가면 스스로 아이들은 자신의 스케줄에 맞춰 생활할 것이다. 엄마가 지시자가 되어 지휘하면 아이들은 배의 노를 젓는 법을 배우지 못할 것이다. 그렇기에 아이들이 스스로 노를 저을 수 있게 지켜보고 안내해야 한다.

한국 학교에 다녀오고선 두 딸이 한글로 공부하는 것이 재미있는지 잠자리에 들기 전 알아서 책을 펴고 숙제한다. 한글의 재미와 소중함을 배운 순간이 아니었나 생각이 든다. 영어가 되었든, 한글이 되었든, 의사소통이 가장 중요하고 학습의 도구로 사용될 언어이기에 둘 다 중요하다. 좋은 책이 나왔을 때 언어를 알지 못한다면 읽지 못할 것이다. 지금, 이 순간도 책상 위에 놓인 영어책과 한국에서 가져온 문제집이 책꽂이에 꽂혀 있다. 어떤 언어이든지 배움의 도구이며 사람들과 어울리는 데 필요한 부분임을 잊지 말아야 한다.

# 아이들은 부모가
# 믿는 만큼 성장한다

　아이들은 부모가 걱정하는 것보다 훨씬 잘해 낸다. 첫째는 과학 캠프를 가기 3주 전부터 배낭 가방에 준비물을 차곡차곡 채워 넣는다. 5학년의 마지막을 기념하기 위해 3박 4일 과학 캠프가 야산 캠프장에서 진행된다. 첫째는 처음엔 아는 사람이 없다고 캠프 가는 것을 거부하였다. 미국 학교생활에 적응되지 않았는데, 온 지 한 달이 조금 지났을 때 캠프를 간다는 것이 걱정된 모양이다. 다행히도 캠프 날짜가 다가오면서 설렘 반 걱정 반으로 짐을 싸고 준비하는 것을 보니, 마음이 놓이게 되었다.

　침낭을 서둘러 준비하였으나, 생각보다 크고 무거웠다. 첫째가 들고 다닐 작은 침낭을 다시 마련하여 가방에 넣었다. 비상약을 챙겨주고, 준비물을 잘 챙겼는지 물어 보았다. 캠프장은 시설이 잘 갖추어진 곳으로 캐리어에 짐을 싣고 침낭을 캐리어 위에 올려서 가져가도 되는 것으로 보였다. 나는 캐리어에 넣자고 제안하였으나 첫째는 그냥 배낭을 가지고 간다고 한다. 너무 내가 고집을 부리는 것 같아 아이의 의사를 존중해 주기로 했다.

 당일 학교 교문 앞에는 많은 학부모들과 학생들, 그리고 챙겨 온 짐이 있었다. 대부분의 아이들의 짐은 첫째가 준비한 것보다 두 배나 많아 보였고, 그것도 캐리어가 대부분이었다. 심지어 침낭도 크기가 크고, 베개와 이불을 들고 온 친구도 있었다. 코로나 검사한 것을 확인하고 스쿨버스를 기다리고 있었다. 누구보다 행사를 준비한 교장 선생님과 담임 선생님이 바빠 보였다. 스쿨버스에 짐을 싣고 학생들은 버스에 탔다. 3반으로 구성된 5학년은 버스 2대에 나누어 탔다. 영화에서 보던 미국의 노란 서틀버스에 어린아이들이 각자의 자리에 앉아서 밖으로 부모님에게 인사를 하고 있었다. 버스에 탄 첫째를 간신히 찾아서 마지막 인사를 나누었다. 준비물을 잘 챙겨주지 못해 미안하였고 친구들과 잘 지낼지 아니면 혼자 덩그러니 서 있을지 걱정이 되었다.

 아이들은 부모가 믿는 만큼 성장한다고 하지만, 이번 경험이 평범한 것이 아니기에 신경이 많이 쓰이는 것은 사실이다. 가족을 떠나 3박 4일 동안 지내는 것도 처음이지만, 학교 적응도 하기 전에 가는 여행이라 더 어떨지 설렘보단 걱정이 앞선다. 한국에서 간 여행이라면 친구들과 보내는 거라 들떠서 갔을 여행이겠지만, 낯선 환경에 낯선 사람들과 간다는 자체가 어떨지 걱정이 되었다.

내가 생각한 것보다 첫째는 더 사교적이고 활동적이다. 생각보다 강한 아이니깐 분명 멋진 추억을 만들고 올 것으로 여겨진다. 하지만 첫날은 잠을 잘 수가 없었고, 미안하고 걱정되는 마음에 눈물이 났다. 혹시나 외롭고 원하는 친구와의 모임이 되지 않더라도 그 속에서 배우는 것이 있을 것이라고, 분명 딸에게 좋은 경험이 될 것이라고 안심을 하며 긍정적인 부분만 보기로 했다. 3일째 되는 날 선생님들이 학생들의 생활 모습을 사진으로 보내주셨다. 친구들 사이에 멀리서 혼자 서 있는 모습도 보이고, 둘러앉아서 식사하는 모습도 보였다. 나는 사진을 보며 잘 지내고 있음을 간접적으로 확인하고 걱정을 더 이상하지 않았다.

한국에서는 초등 6학년이 되면 수학여행을 떠나게 된다. 보통 평소에 자주 갈 수 없는 지역으로 가서 관광을 위주로 하게 되는데, 첫째의 캠프는 산속으로 그것도 겨울에 간 것이다. 자녀가 부모를 떠날 때 부모 또한 자녀를 보낼 마음의 대비를 한다. 항상 "18살이 되면 너희들은 독립을 하는 것이며, 원하는 것을 스스로 계획하고 책임을 져야 한다."라고 말하지만, 사실 나부터 자녀로부터 독립해야 한다. 아이들은 나이에 맞게 잘 커가는데, 여전히 나는 딸을 어리게 보고 걱정하며 안전한 울타리 안에 감싸려고만 한다. 그 울타리 밖으로 내놓을 때는 걱정과 불안을 한다. 아이를 걱정과 더불어 둥지탈출로 오는 엄마의 불안도 동시에 있는 것이다.

우선 나부터 아이들로부터 독립해야 한다. 태어나고 나서부터 누구에게 맡겨본 적이라면 일을 하는 낮뿐이었고, 둘째가 태어날 때 하룻밤, 친구네 집에서 하루, 그리고 이민 오기 전 시댁에 2일 정도 떨어져 있던 게 전부다. 그러고 보니 11년 동안 4일뿐이다. 그러면서 나는 딸들에게 기대고 있었다. 첫째가 분신처럼 느껴지는 것은 당연하다. 첫째의 감정이 나의 감정이라고 느낄 정도로 깊게 생각한다. 이웃의 아이라면 좀 더 멀리서 지켜볼 것인데, 마치 나 자신처럼 바라보기에, 좀 더 거리를 두고 지켜보지 못하게 된다.

내가 불안해하거나 아프다고 아이가 아픈 것은 아니다. 자녀는 생각보다 강인하다. 나의 어릴 때를 생각해서 첫째도 그런 감정을 가질 것으로 생각하지만, 착각일 때가 많았다. 딸은 친구와의 관계를 가장 소중히 여기는 시기이기에, 앞으로는 어떻게 지금 인연이 이어갈지 모르겠지만, 좋은 감정을 유지할 수 있게 나는 지지해 주고 싶다.

한국에 있는 첫째의 친구들이 가끔 연락해 온다. 그때마다 반갑게 맞이해 주고 첫째에게 기쁜 소식을 전해 준다. 첫째가 캠핑에서 돌아오면 반가운 소식을 또 만난다. 한국도 겨울 방학이 시작되고 새 학년을 시작하는 시기이기에 2022년을 함께 나눈 친구들과 선생님의 편지와 사진이 왔다. 친구 사이가 좋았고 잘 지냈기에 그 순간이 그립고 생각도 많이 나는 것이다. 첫째가 생활을 아주 잘하고 있고, 정도 많다는 증거이다. 아직은 이곳에서 언어가 통하지 않아 맘껏 나누지 못하지만, 시간이 지나면 첫째 주위에는 소중한 친구들과 사람들로 가득할 것으로 여겨진다.

마침내, 캠프의 모든 일정이 끝나고 첫째가 탄 스쿨버스가 학교 주차장으로 들어왔다. 차가 들어오면서 부모님의 시선은 자기 자녀를 찾느라 바빴다. 드디어 첫째가 보이고 반가움에 포옹하였다. 첫째는 집으로 돌아와 한국 친구들과 선생님이 보낸 사진과 글을 보면서 울기 시작했다. 긴 캠프 기간 동안 힘들고 마음이 아팠는지 그리고 친구들이 많이 그리웠는지 그녀의 눈물이 멈추지 않았다. 혼자만의 시간을 두고 나는 조용히 그녀가 진정될 때까지 기다려 주었다. 좋은 사람과의 이별은 이만큼 힘들다. 딸에게는 익숙하지 않은 이별이라 더 힘들 것이다. 드디어 긴 외출이 끝나는 순간이 다가왔다. 이렇게 첫째와 나는 가슴 아픈 성장을 하였다.

# 친구를 만들어 주지 말고
# 친구가 되어라

　이번에는 또 무슨 일이 있는 거야? 첫째가 아침에 일어나 식사를 준비하고 있는데, 첫째는 급식표를 찾기 시작한다. 그리고선 도시락을 싸 달라는 것이다. 이유는 학교 간식과 도시락이 맛이 없고 미국 음식이 맞지 않아서 였다. 당연히 그럴 수 있다. 그래서 간식이나 도시락 중 한 가지만 싸 들고 간다. 이야기를 듣다 보니 간식과 런치 박스를 강당에 가지러 가는데 그곳에 가는 것을 회피하는 느낌이 들었다. 어쩌면 같이 갈 친구가 없거나 혼자서 밥을 먹든가 어떤 사정이 있는 것 같았다. 역시나 그랬고 이유를 물어 보니 말을 잇지 못하고 생각에 잠기는 것 같았다. 더 이상 묻지 않고, 한국 마트에서 사둔 김 가루를 뿌려 주먹밥을 만들기 시작했다. 다음부턴 간식과 도시락을 챙겨 가자고 말했다. 억지로 묻지 말고 마음 편하게 다닐 수 있도록 해

주자고 생각했다.

  이곳에 온 지 3개월이 되었다. 지난 시간 동안 아이의 또래를 찾고 한국 사람들을 만나면 인사를 나누려고 노력했다. 주변에 한국인들이 우리를 포함하여 4가족이 살고 있다. 우리 가족을 빼고 모두 외동딸을 키우고 있다. 첫째가 가장 큰언니가 되고 둘째가 막내가 된다. 미국으로 오기 전 첫째는 단짝 친구가 제법 있었다. 유치원 시절 만난 사택 친구들이 4명 있었고, 이들과 함께 방학을 보내기도 했다. 종종 파자마 파티도 하며 날씨가 좋을 때는 갑천으로 가서 인라인을 타고 잔디밭에서 시간을 보냈다. 이들은 모두 나로부터 연결된 인연이었다. 하지만 4학년 1학기 후반기가 되면서 자신을 포함에 4명의 친구가 만들어졌다. 그녀들은 모두 상냥하고 밝고 친절했다. 그들과 종종 추억을 만들고 있었기에 헤어짐도 힘들었다.

  가끔 영상 통화와 문자를 주고받지만, 그럴때마다 그리움이 깊어졌다. 그래서인지 이곳에서도 그런 친구들을 사귀길 바라고 있었다. 하지만, 언어의 장벽이 크기에 그렇게 하지 못하고 있고, 오늘도 첫째는 묵묵히 서서 반 친구들을 지켜보는 것 같았다. 첫째는 또래 친구가 없어서 외롭고 슬프다고 자주 표현했다. 친구를 만나기 위해 놀이터에 가봤지만, 또래 찾기는 어려웠다. 또래를 만나려면 학원에 가야 하나? 여기도 한국과 같은 곳인가? 그래서 미술 학원에 대기해 놓고, 수학 학원도 면담을 신청했다. 그러나 첫째는 지금이 충분하다고 한다. 한국말 통하는 동생들과 노는 것도 재미있다고 한다. 한국에서의 친구들과 함께 보내는 시간을 많이 봐서인지 혼자 겉도는 모습이 더 안쓰러웠다.

'그래, 내가 친구가 되어 주는 거야! 누구보다 내가 첫째의 편이되고 힘이 되어 줄 수 있으니까!'

더 이상 친구를 찾지 말고 내가 첫째의 친구가 되어주기로 했다. 나도 친정 엄마와 사소한 생활과 학교 이야기를 많이 한다. 얼마든지 나도 딸과 소통할 수가 있다. 늘 하고 싶었던 딸들의 멘토가 되어 주는 것이다.

첫째가 자연스럽게 마음이 통하는 친구가 생길 때까지 많은 이야기를 나눌 것이다. 물론 또래 친구들만큼 재미는 없겠지만 그래도 나의 어릴 적 이야기를 많이 해 주려고 한다. 잠자리에 들기 전 어릴 적 이야기를 해 주면 아이들은 재미있게 듣곤 한다. 나는 믿는다. 첫째는 배려도 잘하고 아픔도 다스릴 줄 아는 아이다. 사람과 동물을 좋아하고 무엇보다 공감력이 뛰어나다.

분명 좋은 사람이기에 시간이 흐르고 난 뒤 항상 그랬듯이 딸의 주변에는 좋은 사람들로 가득할 것이다. 그녀는 지금 이 시간을 보내면서 우리가 생각하는 것보다 더욱 성장하고 성숙해지고 있을 것이다.

나를 믿어라.
인생에서 최대의 성과와 기쁨을
수확하는 비결은 위험한 삶을 사는 데 있다.

_프리드리히 니체

# 3장

## 일단 행동하면 변화가 시작된다

# 사람은 다른 사람으로 잊혀진다

 한국에서 너무도 좋은 사람들을 이미 만나서일까? 이곳에서는 마음이 잘 통하는 지인을 찾기가 힘들다. 삶의 터전이 달라졌지만, 그들이 생각나고 또 그들에게 이야기를 하고 싶어진다. 어쩌면 이건 나의 생각일 수도 있다. 그들에게는 나는 떠난 자이고, 만나기 힘든 존재일 수도 있다. 나에게 맞춰서 쉽게 생각하면 안 된다. 그리고 누군가에게 하는 작은 부탁도 그들에게는 부담스러운 일일 수도 있다는 것을 이제야 알게 되었다.

 아이들에게도 친구들은 시간이 지나면 잊히는 존재라고 설명하였다. 어릴 적 나를 생각해 보면 제일 중요한 것이 친구들이었다. 시간이 많이 흐르고 보니 그들과 연락하지 않는다. 어릴 적 친구를 유지하기란 쉽지 않다. 그런 마음을 알기에 아이들이 친구들을 그리워하는 모습을 보면 안쓰러워 보였다. 그들과의 추억이 좋았기에 잊히기가 싫을 것이다. 소중한 기억만이 오래 남는다면 그것만으로 감사하다.

어쩌면 새로운 사람을 만나고 또 공통점을 찾다 보면 우리 또한 새로운 지인과의 관계를 이어 갈 것이다. 남편은 사람과의 관계로 힘들어하는 것이 더 적은 것 같다. 그는 성에 사는 사람이기에, 아이들과 나처럼 마을에 사는 사람의 감정을 이해하는 데 어려움이 있는 경우도 있다.

인연은 만들기 어렵다. 게다가 좋은 인연을 만들려면 행운이 따라야 한다. 거리가 아닌 마음만 있으면 되는데 그것이 참 어렵다. 그래도 잊을 만하면 찾아오는 한국 분들이 있고, 각자의 사연에 또 귀를 기울이게 된다.

우리는 앞으로 어떤 인연들과 함께하게 될까?

아파트로 이사를 온 후, 한국 분을 사귀려고 애를 썼다. 카페에 글을 남기고, 밖으로 나가서 한국말이 들리면 귀를 기울이고 말을 건넸다. 중요한 것은 사람을 만나는 것이 아니라 그들과 공감하는 무엇인가가 있어야 한다는 것이다. 한국을 벗어나면

애국자가 된다. 몰랐던 한국의 장점을 알게 되고, 한국 사람이 곁에 이사를 오면 그렇게도 반갑다. 처음 한국 분들을 만날 수 없을 때는 한 가족이라도 만나면 좋을 것으로 생각했다. 그 바람들 덕분일지 몇 개월 지난 지금은 6가족을 알게 되었다. 거리가 있어 자주 못 보는 분도 있고, 지금 막 알게 된 가족도 있다. 넓은 세상에서 만난다는 것도 대단한 인연이라고 본다.

나이가 들수록, 울타리를 치고 안전거리를 유지하며 이야기를 나눈다. 잘 지내다가 좋지 않게 헤어지는 경우가 있기에, 조심히 해야 한다는 것이다. 적당한 거리를 유지할 수 있게 그동안 연습을 했다. 오랜 기억들, 좋은 추억으로 간직하기 위해서 좋은 인연들은 계속이어서 가고 싶다. 곁에 살 때처럼 자주는 아니지만 가끔 서로를 생각해 주고 기억이 나서 연락하는 그런 사이도 좋다. 어제 하루 한 장의 사진과 문자가 왔다. 대전에 있는 지인이 아파트 앞 정원에 핀 수국을 보면서 나를 생각하며 보내온 문자이다. 그렇게 감사함을 전하고 우리는 서로가 무엇을 좋아하는지 알고 오랫동안 기억하고 있을 것이다.

이별의 슬픔은 다른 만남으로 다시 잊혀 간다. 나뿐만 아니라 아이들도 지난 친구들과의 추억을 종종 생각하고 이야기한다. 지금 만난 친구들과 잘 지내고 앞으로 만날 사람들과 좋은 경험으로 쌓아가길 희망한다.

  튤립으로 봄의 따스함을 전해주는 갑천과 아파트 산책로에 나무 그늘 아래의 여름의 시원함, 가을 낙엽이 쌓이고 이를 밟고 다닐 때 나는 소리, 나뭇가지 위의 하얀 눈꽃들이 여전히 그립다. 소중한 사람들과 그리고 환경들이 좋은 추억으로 엮어져 가는 것이 감사하다.

# 혼자가 아니라
# 함께여서 다행이다

대부분은 딸 그리고 나의 이야기뿐이다. 그러고 보니 블로그에 쓴 글을 보니 남편의 이야기는 하나도 없었다. 남편은 나에게 있어 공기와 같은 존재이다. 당연히 옆에 있어야 하고, 항상 나를 감싸고 있기에 특별한 것이 아니다. 결혼 10년 차가 되고, 서로의 성격도 파악하였고, 같은 길로 걸어왔기에 같은 생각을 하고 있을 것이라 생각하였다. 그렇게 생각한 것이 나의 착각이고 나의 실수였다. 무엇보다 남편은 자신이 맡은 일은 철저히 알아보고 진행한다. 그것을 알기에 나도 믿고 따르는 부분이 많다.

분명 자기 역할을 충분히 해 주고, 아이들도 아침에 학교에 태워다 주고, 주말도 함께 하기에 부족한 것이 없지만 이상하게도 그에 대한 불만이 커지고 있었다. 아이들이 학교 생활에 적응하는 것을 지켜보고 신경 쓰느라 힘겨웠을까? 아니면 나 역시 적응 기간이 힘든 것일까? 몸이 힘든 것이 아니라 정신이 힘든 것이었다. 그래서 따뜻한 말 한마디를 듣고 낮아진 자존감을 키우고 싶었다. 남편으로부터 충분히 잘하고 있다는 이야기를 듣고 싶었다.

남편은 자신의 감정은 잘 표현하지만, 상대방의 감정을 읽어주는 것은 약하다. 그래서 나도 스스로 대화를 많이 하고, 지인과 이야기를 나눈다. 최근 말이 통하게 된 첫째에게도 이야기를 나눈다. 그러다 보니 첫째가 나를 이해하는 부분이 많이 늘었다. 딸이라서 그런지, 많은 시간을 함께해서 그런지 아이들은 나를 잘 이해한다. 그러면서 아빠와의 함께하는 시간이 짧아지고 서로를 이해하기 어려워진다. 누군가에게 관심을 둔다는 것은 많은 시간과 노력이 필요하다. 이러면서 남편이 점점 더 외롭지는 않을까 걱정도 된다.

남편은 퇴근 후 식사를 하고, 잠시 휴식을 취하고 몇 시간 잠을 잔다. 밤 10시가 되며, 우리는 잠자리에 들고, 남편은 본격적으로 일을 시작한다. 이때가 오로지 혼자 동굴 속으로 들어갈 수 있는 시간일 것이다. 나는 아이를 낳고 잠을 깊게 자는 것이 얼마나 중요하고, 감사한 것인지 알게 되었다. 무엇보다 불면증으로 고생한 적이 있어서 자게 되면 나를 깨우지 않길 바라기도 한다. 다시 불면증을 겪고 싶지 않기 때문에 잠은 편하게 자고 싶다. 남편도 생활 패턴을 바꾸고 잠을 일찍 자고 숙면하면 하길 바란다. 그러지 않음에 안타깝고 항상 피곤해하는 모습이 안쓰럽다.

남편은 새로운 길로 가거나, 쉬고 싶어도 쉴 수가 없다. 남편이 받아오는 월급으로 월세를 내고 생활비로 쓰고 있기에 일을 멈춘다면 우리 네 식구와 강아지는 어려운 환경 속에 놓일 것이다. 그래서 매일 아침 피곤함을 잊고 일터로 나가는 것이다. 그래서 충분히 존경받고 감사하다고 말을 들어도 될 상황인데, 나는 그것을 충분히 표현하지 못한다. 남편이 하는 것은 당연하고, 내가 하는 것은 최선의 노력을 하는 것이라고 여기고 있는 것 같다. 사실 남편처럼 매일 회사에 가서 일하고, 하라면 못할 것 같다. 집에서 엄마의 손길을 기다리고 있을 아이들이 먼저 떠오르기 때문이다. 이래서 집에 있을 사람과 밖에서 일할 사람이 나뉘는 것 같다. 화를 잘 내고 짜증도 잘 내는 남편이지만, 그래도 내가 원하는 것은 거의 다 들어준다. 그 무엇이라도 해주는 편이다.

둘 다 활동적이지 않고, 체력도 좋지 않아, 주말에 몇 가지 일을 소화하지 못한다. 오전에 한 개, 그리고 장보기, 가까운 곳 가서 산책하는 것이 우리에게 최고의 일상이 된다. 아마도 시간과 돈을 준다고 하더라도 지금은 멀리 여행을 가는 것은 못 할 것 같다. 시간이 나면 공기 좋고 편안한 곳에서 걷고, 쉬며, 커피 한잔 하는 것을 좋아한다. 매주 토요일 아이들이 한국학교에 가면 우리들은 3시간 정도 자유의 몸이 된다. 20분 거리의 산책 코스로 가서 등산하고 돌아온다. 그러고서 커피를 마시면 우리들에게는 충분한 힐링이 된다.

남편과 나는 서로 인정해 주는 말을 최고의 언어라고 생각하고 있으며, 맛집을 찾아다니며 음식을 먹기보단, 즐겨 먹던 것을 찾고 배부름을 통해 행복감을 느낀다. 돈을 쓰는 것도 비슷하다. 가끔 내가 좀 더 쓸 때도 있지만 그래도 큰돈은 남편이 쓰는 결정할 때가 있다. 남편과 나는 비슷한 듯 다르기에 이렇게 살아가고 있나 보다. 남편이 나를 자극할 때 나의 자존심은 바닥나지만, 그 자극으로 인해 나는 성장을 하고 있었다. 어떻게 보면 남편의 수고를 덜고 남편의 잔소리를 줄이기 위해 돈을 벌거나 직장을 가지려 한 다. 격려와 칭찬만으로도 성장할 수 있는데 잔소리와 무시로 나는 성장을 하는 것이다.

둘째를 미국에서 낳고 한국으로 돌아올 때, 미국 현지에서 한국의 직장을 알아보게 되었다. 그때도 남편의 잔소리가 없었다면 나는 일자리를 알아보지 못했을 것이다. 나는 출산한 지 70일 지나고 일터로 가게 되었다. 그러면서 산후 우울증이 차츰 사라지게 되었고, 오랜만에 성취감을 맛보게 되었다.

예전에 미국에서 지낼 때는 걸어서 해결되고, 급하면 학교 버스나 시내버스를 이용하면 되었기에 운전할 필요가 없었다. 하지만 다시 찾아온 지금은 아이들을 등교용으로 차가 사용되기에 운전은 필수이다. 캘리포니아에서 운전면허를 갖기란 쉽지가 않다. 국제면허증도 유효 기간이 짧고 한국에서 10년 넘게 운전한 사람도 실기 시험에서 탈락한다. 남편도 처음 와서 운전 실기 시험에서 탈락을 하였다. 그렇기에 운전면허 시험은 넘어야 할 부분 중 하나이다. 운전 연수를 2시간 받고, 실기 시험을 보았으나, 우회전하는 동시에 탈락했다. 변수인 자전거가 등장하였기 때문이다. 시험을 보자마자 5분 만에 시험장으로 다시 돌아왔고, 좌절감에 땅을 파서 들어갈고 싶은 심정이었다.

얼마 후 재시험을 보러 가야 했다. 운전 면허장은 거리가 있고, 연수 선생님과 동행하는 것은 170불이 들기에 부담이 되었다. 그래서 2차 운전 실기 시험 때는 남편이 동행했다. 남편이 가면서 잔소리할까 봐 내심 화가 나기 시작했다. 하지만 남편의 말보다 두근거리는 나의 마음을 진정시키는 게 먼저였다. 전날 연습도 하지 않았다. 몇 가지 수신호와 차량 버트 정도 기억을 되새기며 시험을 봤다. 자신감을 가지고 시험 보라는 남편 말도 그냥 흘려보냈다. 모든 것이 부담스럽고 잔소리처럼 들렸다.

감사하게 두 번째 실기 시험은 통과하였다. 그날 남편이 축하한다고, 어려운 것 해냈다고 저녁에 마트에 들러 오렌지색의 장미꽃과 와인을 사 들고 왔다. 딱 원하는 색의 장미꽃을 들고 오기에 흐뭇하였다. 연애 4년 과정에서도 꽃다발을 받지 못했는데, 최근 들어서는 선물을 사 오니 뭔가 달라 보인다. 사람은 왜 오래 살아 봐야 하는지를 알게 되었다. 남편은 익숙함으로 모든 것이 잊힐 때면 또다시 감사함으로 다가와 새로운 감정을 만들어 준다. 남편은 항상 그런 존재다. 오늘도 내일도 나를 자극하기도 하고, 때로는 응원을 해 주며, 계속 나의 곁에 머무는 공기 같은 존재다. 결론은 그는 나와 함께 탄 배를 타고 가고 있다는 것은 분명하다.

# 하고 싶으면
# 부딪쳐야 한다

　박사 출신들은 어느 정도 영어를 한다. 그러나 어디까지나 나를 제외한 사람들의 얘기일 것이다. 나는 기본적인 음식 주문, 길 찾기, 물건 사기, 인사 정도를 제외하고는 아무 말도 못한다. 그래서 미국에서 지낸다는 것은 모험이었다. 그래도 한국에 있는 이주 외국인들을 보고 용기를 얻었다. 그들도 처음엔 아무 말도 못 했을 텐데, 나는 그래도 영어를 조금은 배웠으니, 그들보단 쉬울 것이라고 생각했다. 하지만 학교 선생님과 이웃들에게 인사만 하고 지나가고 기본적인 말을 잇지 못한다.

　아이들에게 비치는 내 모습을 생각하면 부끄럽긴 하다. 그러나 이제 나는 숨지 않을 것이다. 멀리 내다본다면 영어는 필수다. 더 이상 영어를 못한다고 미룰 수만 없다. 나이가 들어서 아이들에게 무거운 짐으로 다가갈 수 있기 때문이다. 빨리 AI가 발전하여 휴대용 실시간 번역기가 나오길 손꼽아 기다리고 있다. 나 같은 사람도 이민이란 걸 감행하는구나! 하고 몰래 생각할 때가 있다. 운전도 영어도 필수인 이곳에서 살아간다는 자체가 나에게는 모험이다. 이제는 못한다고 뒤로 빠져 있을 수가 없다. 현실이 눈앞에 있기 때문이다.

알면 알수록, 삶의 윤택함을 더하는 것은 정보와의 전쟁이다. 시에서 운영하는 도서관에는 아이들을 위한 행사가 많다. 온라인으로 아이들을 과학 프로그램에 등록시키고 참여하기로 했다. 2주에 한 번 한 시간이 운영되기에 과학 실험이 어떻게 진행되는지 궁금하기도 했다. 처음 도서관까지 운전해서 가는 것도 용기를 내어야 했다. 생각보다 도서관은 가까웠다. 1층의 이벤트 방에서는 25명 정도 되는 아이들이 바닥에 앉아서 선생님의 수업을 듣고 있었다. 한국과 다른 점은 학부모들이 교실 가장자리에 앉아 아이들을 기다리고 있는 것이었다.

딸들은 강의실 바닥 자리에 앉고 나는 그 뒤의 의자에 앉아 수업을 기다렸다. 첫 주제는 우주와 별자리였다. 이론 수업이 끝나고 스케치북에 별자리를 꾸미기 시작했다. 마치고 난 후, 아이들은 오랜만에 만들기 수업을 했다며 즐거워했다. 이어서 어린이 도서관에 들러 책을 빌려보기로 했다. 안내 디스크로 나와서 회원 가입을 다시 하고, 도서관 카드를 발급받았다. 도서관 카드 발급이 어려운 줄 알았으나 생각보다 간단했다. 주소와 연락처, 그리고 신분증만 필요했다. 친절한 직원 덕분에 책 세 권 빌리고 나왔다. 도서 대출 기간은 한 달로 아주 길었고, 모든 것이 셀프로 이루어졌다. 주로 도서관에 책을 가져가서 공부를 했었기에 도서관에 앉아 독서하는 친구들이 신기하고 대견스럽기도 하다.

하고 싶은 것을 찾고 하기로 결정하면 그것을 행동으로 옮기는 나를 발견하곤 한다. 어쩌면 절실해서이기도 하고, 어쩔 수 없기에 부딪히고 살게 된다. 신기하게도 말이 통하지 않고 답답한 상황이 생기더라도 사람이 사는 곳은 비슷하다. 나의 도움을 필요로 하는 사람을 보면 먼저 도움을 준다. 나 역시 사람들의 도움이 없었다면 배움과 성장의 기회가 줄어들었을 것이다.

겁내지 말고, 두려워하지 말고, 못한다고 어려워하지 말고, 두드려야 한다. 생각한 것보다 쉽게 일이 진행될 수 있다는 것을 알아야 한다. 처음 미국 생활을 어떻게 해야 하나 걱정한 부분들이 조금씩 풀리는 순간이었다. 아이들에게 체험과 배움의 기회를 줘야 하기에 나는 더 용감하고 적극적인 사람이 되어 간다. 이것이 아줌마의 힘인가 보다. 아줌마가 되어가는 과정이 흥미롭다. 나이가 들면서 스스로 익어가고 있다.

## 때로는 휴식이
## 필요하다

 

아이들이 학교로 향하고 나면 고요한 시간이 온다. 보리는 피곤한지 안방으로 들어가 따뜻한 이불 위에 자리 잡고 앉아서 잠을 청한다. 나는 잠자리에 들기 전까지 거실과 부엌에서 지낸다. 햇살이 가득하고 조용한 바람이 부는 곳에 앉아 있으면 저절로 힐링이 된다. 이런 순간이 있어 감사하다.

아이들이 뛰어놀 수 있는 놀이터가 최고의 장소로 생각한다. 남편과 나는 시간이 생기면 산책하러 간다. 정적인 공간에서 서로의 일상을 이야기하지만, 자연에 동화되다 보면 넋을 놓고 있는 시간이 많다. 평소 같으면 서로의 말에 집중하지 못하고 서운해 하지만, 이럴 때는 대답을 제때 하지 못해도 아무렇지 않게 다음 대화로 이어가게 된다. 어떤 이는 지쳐 있을 때 파도가

치는 바다를 찾아가 기분 전환을 하고 온다. 나는 공원과 집 근처 산책로에서 기분 전환을 한다.

코로나 시대 이전에도 〈나는 자연인이다〉이라는 텔레비전 프로그램이 인기가 있었다. 일을 하느라 지친 가장들, 은퇴를 한 분들이 그 프로그램을 보면서 대리 만족을 하고 있다. 자연이 주는 환경으로 삶을 이어간다는 자체가 무거운 책임감에서 벗어나고 싶다는 뜻일 것이다. 주부들은 오전 시간에 힐링이 되는 공간을 찾는다. 사람들을 만나서 이야기를 나누며 웃고 떠들며 서로의 마음에 공감하는 것도 좋고, 고요한 장소를 찾아 산책하는 것도 좋다. 자연을 보고 걸으며 맛있는 음식을 먹으면 행복감은 증폭 될 것이다.

가능하다면 아이들과 남편과 사람들이 붐비는 곳이 아니라 자연을 보고자 떠난다. 흰색, 아이보리색, 바이올렛, 연분홍, 자색, 노란색, 진보라색 등 다양한 색들이 지닌 꽃들이 피어나고 있다. 오랜 시간 다양한 꽃을 볼 수 있는 게 감사하다. 큰 나무마다 각자의 꽃을 피우는 것도 신기하다. 집마다 다양한 화단을 가꾸고 있다. 높은 산에서 보면 이곳은 높은 건물보다 키가 큰 나무들로 가득 채워져 있다. 비슷한 시기에 이민 오신 분은 시골이라 심심하고 밋밋한 느낌이라고 하셨다. 하지만 우리 가족은 빽빽한 건물로 채워진 곳보다 낮은 건물에 나무로 이루어져 있는 곳에서 안정감을 느끼게 된다.

머리가 터질 것 같거나 지쳐 있을 때, 두통이 있을 때 집에 있기보다 걸으러 나가 본다. 바로 이곳에서 머리가 맑아짐을 느끼고 그에 따라 몸도 정신도 밝아진다. 지금 곧장 모자를 쓰고 물병에 물을 가득 채우고 만보기를 차고 거리로 향한다. 그 길에서 모든 것을 내려놓고 오로지 나를 바라본다.

# 당연한 것에
# 의미를 두지 않는다

 

알람 소리가 5분 간격으로 울리다 보면 잠에서 깨어나 히터기를 끄고 부엌으로 향한다. 아침 식사와 아이들 도시락을 준비하기 위해 냉장고 문을 열고 메뉴를 선정한다. 준비하는 소리에 첫째가 일어나 곁으로 오고 뒤따르는 보리에게 아침밥을 준다. 간단해지는 아침 준비가 익숙한지 일어나는 시간도 점점 늦어지고 있다. 아이들의 등교 준비를 하는 동안 끊임없이 다음 할 것을 이야기하는 나 자신을 발견한다.

남편과 아이들이 모두 밖에 나가면 오로지 나의 시간을 갖게 된다. 밀린 설거지를 하고 빨래를 돌린다. 책상에 앉아 하루에 해야 할 일들을 적기 시작하고 하나씩 한다. 하지만 이런 일들을 습관화하지 못하고 실천하지 않는 경우도 많다. 갑작스러운 두통으로 인해 소파에 누워서 시간을 보내는 것도 늘고 있고, 몸이 지쳐 가는 게 느껴진다. 나의 일상은 소소한 것들로 채워진다. 드러나는 것이 없기에 해도 그만 안 해도 그만인 일들이 많다. 하루에 경제, 자기 계발 공부하기, 글쓰기가 있으며, 만보 걷기와 보리 산책이 기다리고 있다.

아이들이 하교하기 전까지 내가 주체가 되는 과정들은 끝이 나야 한다. 그들이 오는 동시에 나의 시간은 아이들 중심으로 흘러간다. 오자마자 간식을 만들어 줘야 하며, 밖으로 나가서 체육 선생님이 되고 놀이 상대도 되어야 한다. 돌아와 저녁을 준비하면, 아이들은 숙제한다. 그들이 최선을 다해서 하고 있음에도 이곳에서의 정착 과정에는 불편함이 많다. 아이들의 일에 집중되다 보면 조바심과 걱정 때문에 아이들에게 좋은 말을 하기보다는 권위적인 엄마가 되기 일쑤다.

아이들 숙제가 마무리되고 자유 시간을 갖다 보면 벌써 잠자는 시간이 다가온다. 하루 일과가 아이들에게 집중되다 보면 나의 성취감은 없다. 자기 전 주변을 되돌아보면 거실은 초토화가 되어 있고, 씽크대에는 설거지 거리가 쌓여 있다. 도시락과 물통만이라도 씻어 둬야 다음 날 쓸 수 있기에 피곤한 몸을 이끌고 다시 부엌으로 향한다. 일이 분명 많았는데, 했다는 티가 안

나는 것이 주부들의 삶이다. 그리고 이런 일상에 의미를 두지 않으면 일이라는 자체가 귀찮고 힘든 요소로 작용할 것이다.

내가 주체로 지낸 시간이 많을 때 하루 알차게 보냈다고 느낀다. 집안일에 투자하는 시간을 간소화로 하고, 아이들 돌봄도 적당히 하고 오로지 나에게 시간 소비를 많이 했을 때, 보람을 느낀다. 오로지 나를 위한 독서를 하고, 공부하며, 글을 쓰고, 산책하며 생각을 정리할 때 내가 이곳에 살고 있다는 것을 느끼게 된다. 자신이 어떤 곳에 시간과 돈을 투자하고 나서 그곳에서 얻는 결과가 자신을 발전시켜 주고 자신이 좋은 사람임을 알게 해준다면 그 일은 분명 가치 있는 일이 될 것이다.

아이를 돌본다는 이유로 자신의 시간을 갖지 않으면 안 된다. 요즘은 많은 전업주부들이 그들의 삶을 개발하고 발전시키고 있다. 비록 지금은 자녀 양육에 초점을 두고 있지만 훗날 아이들이 스스로 자신의 길을 걸어갈 때, 바로 그때 준비된 자로서 세상에 나가 나의 길을 향할 것이다. 나는 이때를 기다린다. 지금 생활이 10년 후의 삶을 결정한다.

일과 육아 모두 성공적으로 병행할 수 있는 순간들이 어느 순간 나오게 될 것이다. 괜찮은 하루를 보냈다고 느낄 때는 언제일까? 과연 다른 분들은 어떠한 생각을 하고 있을까? 나를 잘 알고 편하게 말을 건넬 수 있는 지인에게 "보람찬 하루가 언제냐고?" 물어보았다. 대부분 지인들은 자신의 스케줄에 시간 낭비 없이, 멍 때리는 시간 없이 바쁘게 시간을 보내었을 때 보람과 자신이 잘 살고 있음을 느낀다고 하였다, 과연 내가 잘 살고 있을까? 하고 의문의 시간을 가질 시간도 없이 지낼 때가 좋다고 한다.

하지만 나의 질문에 답을 잊지 못하고 너무 어려운 질문이라며 대답을 분도 있었다. 어떤 이는 매 순간 보람을 느낀다고 했다. 그러고선 자신에게 주어진 오늘 하루가 매일 감사하다고. 사실 누군가에게는 주어지지 않았을 오늘인데, 남편도 아이도 자신도 아무 탈 없이 지낸 것만으로도 매우 감사하다고 했다. 가족들이 다 모여 저녁 식사하며 "맛있다. 좋다. 행복하다." 말해줄 때 행복하다고 한다. 사실 요즘 하는 일이 식구들 세 끼 챙기는 거 말고 별로 없다고 했다. 나는 이 순간 눈물이 왈칵했다.

우리는 당연한 것에 의미를 두지 않을 때가 있다. 나 역시 그러고 있었다. 그곳에서 어떠한 보람을 느끼지 못하고 있었기 때문이다. 오로지 내가 나를 위해 살기를 원한다지만 가족이란 울타리를 벗어나지 못한다는 것이다. 어쩌면 내가 오늘 하루 알차다고 느낀다는 것은 이 모든 것을 다 한 다음 자신에게 주체가 넘어간 다음이다. 항상 엄마의 일, 나의 일은 뒷전인 이유가 가족 공동체의 일이 가장 우선이기 때문이다. 오늘 하루를 알차게 보내기 위해서 무엇에 중점을 두고 시간을 보내야 하는지 한 번쯤은 멈춰서 생각을 해 봐야 한다. 오늘 과연 알찬 하루였을까?

# 어른도 칭찬과
# 격려가 필요하다

 자녀 교육에 대한 책을 공부하다 보면 모두 다 부모, 특히 엄마의 역할이 중요하다고 말한다. 하지 말아야 할 것들 조심해야 할 것들이 대부분이다. 영상을 접하거나 책을 읽다 보면 죄책감에 시달리게 되고 엄마의 역할을 잘하지 못하고 있음에 자존감이 바닥을 치게 된다.

 엄마라고 해서 모든 것을 다 책임지고 생활하는 것이 벅차기는 마찬가지이다. 무엇보다 하루를 열심히 보내다 보면 보람도 느끼지만, 제대로 하지 못한 것에 대한 반성이 더 크기에 점점 더 지쳐간다. 아이들과 많은 시간을 보내고 나면, 방과 거실은 초토화가 되어 있고, 설거지는 싱크대에 가득 차게 된다. 그리고 어김없이 빨래는 계속 쌓인다. 그래도 아이들을 생각해서는 완벽한 엄마가 되고 싶다. 피곤함과 아픔을 잊고 자신이 아이들에게 해 주지 못한 것만을 생각한다.

때로는 아이들에게 멋진 경험을 해주고 싶어 한다. 경험은 가장 최고의 선물이다. 낯선 곳의 여행을 선물하고 싶지만, 시간과 금전적인 이유, 그 밖의 이유로 실천하지 못한다. 그러나 그렇다고 해서 미안해할 필요는 없다. 물론 함께하는 여행도 좋지만, 가족과 함께 보내는 시간이 더 값진 선물일 것이다. 그래서 우리는 멀리 가지 못하는 여행에 대한 아쉬움을 달래고 가족과 소소한 행복과 시간을 갖고자 함께하는 시간을 가지기로 했다.

캘리포니아는 날씨가 좋아서 자연을 더 즐기기로 했다. 처음 석 달은 비가 자주 왔다. 어느덧 우기가 끝나고 해가 비치는 날이 많아지니 꽃도 나무도 자신 옷을 입고 향기를 내뿜는다. 아이들은 땅을 파고 공벌레와 지렁이를 잡는다. 주변의 나뭇가지와 잔디 풀을 뜯어 그들의 집을 만들어 주고 몇 시간을 보낸다.

아이에게 모든 것을 가르쳐 주고자 하면 끝이 없다. 처음에는 시간이 날 때 스트레스를 푸는 방법을 가르쳐 주기 위해 운동과 음악, 미술 등을 배우게 했다. 스케이트를 배우면서, 인라인과 롤러를 타게 되었고, 피아노와 바이올린을 배우면서 음악을 듣게 되었다. 특히 두 딸은 미술을 좋아한다. 그들의 상상력을 발휘하는 시간이기도 하다.

 처음에는 딸들이 즐거워했지만 고학년으로 올라갈수록 나는 딸들의 재능과 직업의 연관성을 생각하게 되었고 예체능을 배우게 하는 목적을 잃어버리게 되었다. 예체능을 계속하기에는 가정에 경제적인 부담이 된다. 가끔은 재능도 돈으로 사는 것 같다. 좋은 악기와 기구로 개인 지도를 하면 실력이 향상된다. 하지만 그 재능을 사기에는 한계가 있어서 고학년이 되고서는 멈추게 되었다.

 수영을 배우는 이유는 수영의 모든 방법을 배우기 위해서가 아니고 수영장에서 자유롭게 즐길 수 있도록 하기 위해서이다. 다행인 것은 이민 오기 전 배운 몇 달의 수영 실력이 발휘되고 있다는 점이었다. 4월 중순 20도가 넘으면 아이들은 수영하러 나온다. 아파트에 수영장이 있기에 부담 없이 수영을 하고 있다.

 "엄마는 왜 수영을 못해?"
 "엄마는 배우지 못해서 그런 거야. 그리고 물에 빠져서 물이 가슴 위로 차오르면 겁부터 나."

그래서 아이들이 수영할 때는 물속에 들어가서 튜브를 타고 둥둥 떠서 물장구를 치거나 아이들 손을 잡아주고 앞으로 나가도록 도와준다. 물도 겁이 나고 수영도 못하지만 그래도 아이들과 물놀이 시간이 즐겁다. 잔잔한 물이면 들어가서 튜브를 타고 돌아다니고 싶다. 항상 완벽하고 잘하는 엄마로 보여주고 싶지만 있는 그대로 보여주며 최선을 다해 함께 하고 있다.

모두 다 하는 운전이라고 하지만 운전하는 것이 겁이 난다. 특히 20분 이상 거리를 가는 것은 가는 내내 긴장감에 싸여 있다. 집에서 25분 정도 가면 스탠포드 대학교가 있다. 아이들 봄 방학이라 하루는 그곳으로 가고 싶었다. 가서 학교 교정과 넓은 대학 캠퍼스 대학생들의 모습을 보여 주고 싶었다. 몇 년 전 첫째가 어릴 때 놀던 그곳이 그리웠기도 하였다. 남편은 당장 주차할 곳도 마땅치 않은데 걱정이 되어 위험하니 가지 말라고 했다. 하지만 이번 길은 도전해 보고 싶었다. 매주 가던 미술 학원이 15분 거리인데, 이것의 두 배가 되는 거리이니까 나눠서 생각해 보기로 했다. 가는 동안 브레이크의 감각이 없어지면 순간 겁이 나기 시작하였고, 멍한 기분이 들기에 더 정신을 차리려고 애를 썼다.

어느덧 스탠포드 무료 주차장을 찾았고 함께 간 지인들과 거리를 걸었다. 어느 순간 내가 캠퍼스를 안내하고 있었다. 서점을 들러 기념품들을 구경하고 건너편 학생 식당에 들러 간단하게 음식을 먹었다. 넓은 잔디에 앉아 어른들은 이야기를 나누고 아이들은 즐겁게 논다. 아이들은 이런 소소함을 즐길 것으로 생각이 든다. 어른들 역시 오랜만에 소풍 온 것 같았다. 무사히 집에 도착하고서 힘든 운전을 한 자신에게 칭찬해 준다. 쉬운 것은 없다. 더군다나 불안도가 높은 내가 더더욱 멋진 일을 해낸 것이다.

아이들만 칭찬과 격려를 먹고 사는 것이 아니다. 엄마도 어른도 칭찬과 격려가 필요하다. 따듯한 말 한마디가 앞으로 나아갈 힘을 주는 것이다. 만약 타인에게 그런 따뜻함을 받지 못한다고 해서 원망하거나 안타까워할 필요는 없다. 비슷한 처지에 있는 모임이나 학습을 통해서 조언 받고 이야기를 나누면 된다. 김미경 원장님의 MKYU에서는 주부들을 대상으로 경제, 자기 계발에 대한 교육을 많이 해 준다. 대부분이 비슷한 처지이기에 이야기를 나누면 위로가 되고 용기를 얻는다. 가족에게 바라면 기대에 못 미쳐 실망이 크기에 처음부터 기대하지 말고 자신을 잘 알고 이해해 줄 수 있는 곳을 찾으면 된다. 책에서 얻는 것이 가장 좋은 방법이다. 그리고 무엇보다 자기 자신을 가장 잘 아는 것은 자신임을 알아야 한다.

오늘 자신이 어떤 일을 했더라도 칭찬해 주자. 오늘 많이 지쳐서 무기력해진 자신을 보면, 그동안 많이 힘들었구나! 라고 위로해 준다. 열심히 움직인 날은 오늘 활기차게 생활하였구나! 라고 칭찬해 준다. 힘들고 두려운 일을 용기 내어서 하였다면 최고의 선물을 보상해 준다. 무엇이든 조금씩 하다 보면 자신을 가장 사랑하고 아끼며, 자신이 소중한 존재임을 알게 된다.

자신이 자신을 돌보지 않으면 누가 자신을 돌봐줄 것인가? 아이들도 각자 생활이 있고, 남편도 일을 하고 돌아오면 지쳐 있다. 심지어 부모님께 기댄다는 것은 더 어리석은 이야기다. 나이 드신 부모님에게 힘이 되어 드려야하는 시기다. 부모와 자식, 남편으로부터 독립적으로 살아가야 함을 잊지 말아야 한다. 바로 홀로서기를 해야 한다.

# 꿈은 꾸라고
# 있는 것이다

　결혼 생활에서 자녀의 유무에 따라 삶에 대한 태도가 달라진다. 결혼 후, 박사 후 과정을 하면서 첫 아이가 태어났다. 첫째가 태어나면서 출산 휴가를 마치고 다시 연구실로 향했다. 베이비시터 아주머니께서 아들을 키우시는데, 신생아 딸을 키워 보니 새롭고 예쁘다고 하셨다. 남편과 나는 각자의 학업을 이어가고 있었다. 박사 후 과정을 2년쯤 하였을 때, 첫째가 자주 아파서 병원에 입원하고 치료를 많이 받아야 했다. 아이가 아프면서 모든 것이 중단되었다. 딸을 돌보기 위해 엄마인 내가 연구 생활을 멈춰야 했다. 아이를 돌보는 것도, 연구하는 것도 동시에 하기에는 어렵고 힘들었다. 남편이 박사 과정을 마치면 미국에서 박사 후 과정의 계획이 있어 직장을 갖거나 일은 시작하지 않았다.

첫째가 두 돌이 될 무렵, 미국으로 출국하면서, 본격적인 전업주부가 되었다. 미국 생활이 2년이 되었을 때, 둘째가 태어났고 우리는 2개월 후 한국으로 귀국하였다. 귀국과 동시에 근처 일을 할 수 있는 곳을 찾아보고 있었다. 둘째는 태어난 지 3달이 되지 않았고, 이번에는 일을 멈추지 않을 것이라고 다짐하였다. 다행히 화학 구조 해석 및 분석을 하는 연구소에 입사하게 되었다. 주 3일, 오전 10시부터 오후 4시까지, 어린 자녀를 키우는 엄마에게 최고의 조건이었다. 둘째를 돌봐주실 고마운 베이비시터 아주머니도 구할 수가 있었다.

긴박한 상황 속에서 일이 척척 진행이 되었다. 일 외에는 회식 자리나 학회에 가지 못했다. 모든 것을 다 가질 수 없기에 아쉬움도 없었다. 그래도 육아와 일을 만족하며 할 수 있기에 만족스러웠다. 합성된 새로운 화학 물질의 화학 구조를 하나씩 풀어갈수록 연구의 참맛을 느낄 수 있었다. 예상 구조가 비로소 눈으로 확인될 때는 덩달아 최고의 성취감을 느꼈다. 이대로만 이어지면 좋을 것 같았다. 경력 단절 후 얻은 일자리이기에 어떤 일보다 가치가 있었다. 무엇인가 하는 자체만으로도 행복한 하루였다.

그 기쁨도 잠시 남편은 회사 부서 이동으로 인하여 서울로 이사를 해야 한다고 하였다. 주말부부가 되느냐? 함께 가느냐? 수없이 고민하였다. 더군다나 다시는 이런 일을 찾을 수 없다고 생각해 절망감에 빠졌다. 소속감도 없어지고 다시 연구가 멈춘다는 것이 더 마음이 아팠다. 결국 남편을 따라 떠나기로 하고, 이것이 숙명이라고 생각했다. 그렇게 두 번째 직장을 떠나게 되었다.

항상 마음 한편에는 멍이 드는 느낌이었다. 아픔을 잊기 위해 더 나은 내가 되면 되는 것이라고 긍정의 희망을 각인시키고 있었다. 멈춰 있을 수 없었다. 서울로 이사를 한 후 아이들을 유치원과 어린이집에 적응하는 것을 확인하고 나를 위한 시간을 가졌다. 오랜 고민 끝에 서울로 이동하였으나, 다시 남편의 부서 이동으로 인해 일 년 만에 우리는 또다시 대전으로 다시 내려와야 했다. 아쉽게도 이전의 일자리에는 후임자가 있었기에 들어갈 수가 없었다. 이제는 미련을 가지지 말자고 더 자신을 다독여 줬다. 그렇지 않으면 좌절이나 상실감에 또 빠져들 것 같기 때문이었다.

첫째의 초등학교 입학, 둘째를 돌봐야 했기에 풀타임으로 하는 일은 찾을 수가 없었다. 이상하게 나는 일을 멈추고 아이들만 온종일 보게 되면 공황 장애와 불안이 찾아온다. 그때도 그랬다. 그리고 이번에는 그 증세가 더 강력하였다. 일 년 동안 울고, 병원에 다니며 할 수 있는 작은 움직임만 할 뿐이었다. 자리에 앉아서 책을 읽고 영상을 볼 때는 불안이나 공황이 찾아오지 않았다. 그렇게 책을 읽게 되면서 화학, 교육이란 울타리에서 벗어나 인문학, 경제, 상담 심리학을 공부하였다. 다른 세상으로 눈길이 가고 있었다. 둘째가 다닐 유치원이 생기면서 나의 자유 시간이 느는 것 같았지만 코로나 바이러스가 온 세상을 뒤덮고 있었다. 이때는 전업주부로 살아간다는 것이 가장 감사하고 행복했다. 종일 집에 있고, 아파트 주변을 산책하거나 공원에 가는 것이 최고의 일상이었다. 그 덕분에 남편도 아이들도 혼란 없이 팬데믹 시기를 보낼 수 있었다.

아이들은 온 마을 사람들이 다 같이 키워야 하는 것 같다. 지금까지 누구에게도 부탁하지 않고 양육할 수 있었던 것도, 아이들이 나름 건강하고 까다로운 아이가 아니었기 때문일 것이다. 시댁 부모님이나 친정에 부탁을 드리기는 집이 거리감도 있고, 폐를 끼치는 것 같아, 전혀 생각조차 하지 않았다. 그만큼 아이들에게는 조부모님과 함께한 시간이 없기에 추억거리 없어 아쉽다. 아이들도 크다 보니 예전보다 할머니 집에 가지 않고, 통화도 반기지 않는다. 그냥 자신이 하고 싶은 일을 하고 싶어 한다. 슬픔과 기쁨을 많은 시간 같이해야 이야깃거리가 있다는 것도 당연하다. 시간 투자와 노력 없이 얻어지는 것은 없다.

팬데믹이 익숙해지면서 시간이 나는 대로, 딸과 딸 친구들, 아파트 단지 내 학생들에게 과학 실험 수업을 해 주었다. 연구 단지에 사는 사람들이라 과학에 대한 관심이 많았다. 모든 주제는 내가 선택하고 조사하여 책자를 만들었다. 그 후, 나의 아이들을 돌보면서 일을 조금 할 수 있는 공부방을 열었다. 현관에서 가장 가까운 곳에 공부방을 꾸며 사업자 등록을 하고, 아파트 단지에 전단지를 붙이러 다녔다. 입소문으로 찾는 곳이 공부방과 과외이기에 학생을 모집하기는 쉽지는 않았다. 먼저 찾아온 남학생 두 명으로 시작하였다. 이제는 공부방 선생님으로 불렸다. 공부방을 운영하면서 학생들뿐 아니라 두 딸들도 할 수 있기에, 일과 육아 또한 균형을 이루는 순간이었다. 소소하게 일을 이어 갈 수 있고 더군다나 자녀와 할 수 있기에 더 값진 일이었다. 주어진 환경 속에서 할 수 있는 일을 찾고 꿈을 찾는 것이 또 다른 기쁨이었다. 짧게 시작한 공부방과 소소한 활동이 이민으로 멈추게 되었지만, 이것이 진정 멈췄다고 생각을 하지 않는다. 잠시 멈춘 꿈이 어떤 새로운 꿈으로 탄생할지 기대가 된다.

# 나는 나의 길로
# 걸어가고 싶다

 어릴 적부터, 학교라는 곳에서 일하고 싶었다. 그래서 학교 선생님, 교수, 연구원을 희망 직업으로 택하였고, 학교에서 할 수 있는 일은 언제든지 참여를 했다. 미국으로 가면 공부방을 하면 되겠다고 생각했다. 이민자들의 자녀들은 영어를 쓰다 보면 한글을 잊어버리기 쉽다. 그래서 그들을 위해 한글과 수학에 중점을 둔 공부방을 차려 나의 아이들도 보면서 일을 하고 싶어졌다.

 이민 이삿짐을 보내기 전에 많은 한글 교재들과 수학, 과학 문제집, 노트, 읽을 책을 마련하였다. 미국에서 누구나 일을 할 수 있는 것은 아니다. 일을 할 수 있는 자격이 주어져야 할 수 있다. 우리는 영주권을 취득하면서 일할 수 있는 권리가 생긴 것이다. 남편처럼 일반 회사에 들어가서 일을 해도 되지만, 제일 부족한 것이 영어이기에 나를 채용해 줄 곳은 없다. 그리고 아이들을 방과 후 활동을 보내면서까지 일할 수가 없었다. 파트 타임 일을 하면서 아이들과 생활하는 것이 나의 바람이었다.

한편, 한국에서 공부방 사업자를 폐기하며 미국으로 온 것에 아쉬움이 컸다. 조금만 더하면 될 것 같은 희망도 보였기 때문이다. 소외되거나 방황하는 맞벌이 자녀의 학생들을 돌봐 주고 싶은 마음이 컸다. 누구보다 맞벌이 자녀들의 마음을 이해했기 때문이다. 어릴 적 부모님 두 분이 일을 하셨기에 집에 돌아왔을 때 허전함과 외로움을 잘 안다. 나도 스스로 해결해야 하는 일들이 많기에 그만큼 자립심도 커졌지만 외로움을 느끼고 결핍도 생겼다.

그래서 나의 자녀들을 위해서 집에서 지내는 엄마가 되길 바랐다. 언제든지 학교에서 다녀오면 엄마가 있는 그런 집을 만들어 주고 싶었다. 어쩌면 어린 내가 받았던 상처를 딸들이 느끼지 않길 바라고 있었던 것인지 모른다. 실제 동네에서 한국 사람들을 보기가 힘들었다. 심지어 아이들 반에도 한국 사람이 없거나 한 명뿐이었다. 이곳에는 주말마다 열리는 한국 학교가 많다는 것이다. 교회에서 운영하는 것이 일반적이고, 미국에서 제일 큰 한국 학교도 존재하고 있었다.

　아쉽게도 공부방 계획은 물 건너가 버렸다. 하지만 영주권으로 일할 수 있는 자격이 있기에 포기는 하지 않았다. 무작정 한국 학교에 이력서와 Cover letter를 보냈다. 더군다나 한국어로 수업을 할 수 있다는 것이 최고의 장점이었다. 봄 학기가 되면서 아이들도 한국 학교에서 한국 사람들과 문화를 접하고 생활할 수 있게 먼저 학교 등록부터 하였다. 마침 딸들은 자리가 있었고, 토요일마다 가서 수업을 들을 수 있다. 아이들이 겨울 방학을 마치고 개학하면서, 다시 한국 학교 교사 자리를 알아보았다. 주중에는 아이들 스케줄에 맞춰 다니고, 주말에 아이들이 공부할 때 나는 일을 하면 되는 것이었다. 장소도 시간도 같기에 이만한 곳도 없을 것이다. 무엇보다 바닥까지 낮아진 나의 자존감을 살려야 할 때였다. 교장 선생님께 연락을 드렸으나, 연결이 되지 않았다. 잊고 있으면 갑자기 또 행운이 온다. 마침 결근하는 선생님이 계셔서 대강 교사를 찾고 있었다고 하셨다. 아직 채용에 대한 결과는 듣지 못했다.

　결혼 후 겪은 잦은 이사와 짧은 일들이 나를 많은 일을 하는 사람으로 만들어 주고 있었다. 박사 출신이면 당연히 대기업이나 연구소에서 일을 할 것으로 생각하지만, 나는 나의 길을 걷고 있었다. 소중한 가족과 함께 살아가고 싶기에, 살아가야 하기에 그것에 맞추어 살아간다. 다행히도 이곳에서는 이사하지 않고 계속 지낼 것 같다. 현재 살고 있는 아파트가 월세라 이사는 당연히 해야 하는 것이지만 지역은 많이 벗어나지 않을 것 같다.

아이들도 학교에 다니며 친구들을 사귀고 자신의 꿈을 생각하며 지낼 것이기에 잦은 환경 변화가 도움은 되지 않는다. 사실 나도 이제 그만 이사하고 싶다. 12년의 결혼 생활 중 7번의 이사를 한 것이다. 이제는 정말로 정착을 하고 싶어진다. 집에서 행복함을 느끼며, 전업주부로 살면 되고, 일터에서 더 행복감을 느끼면 일을 하면 된다. 자신에게 맞는 것을 찾아보니 나는 작은 일을 하면서 집에서 많은 시간을 보낼 때 가장 만족도와 행복도가 높았다. 더군다나 우울과 불안장애가 조금씩 사라지고 있었다. 그래서 계속 할 일 들을 찾고 있고 찾아야 한다.

나는 나의 길로 걸어가고 싶다. 이제는 하고 싶은 일, 할 수 있는 일을 찾으면 된다. 아니면 내가 만들어 가면 된다. 나는 믿는다. 아니 나를 믿기로 하였다. 과거에도 그랬고 앞으로도 잘 헤쳐 나갈 것이라 믿는다.

## 이젠 나를
## 돌보고 싶다

잔잔한 노래를 들은 지가 언제인지 기억이 나지 않는다. 발라드와 피아노 연주곡을 좋아하는 나와 힙합을 좋아하는 남편의 성향 차이로 노래를 틀고 지낸 지가 오래되었다. 얼마 전 이웃집에 초대받아서 방문을 했다. 실내에서는 과거의 발라드곡이 흐르고 아이들은 방에서 놀고 있었다. 따뜻한 저녁을 먹고, 맥주를 마시면서 아련해지는 마음과 20대로 돌아가는 설렘을 느끼게 되었다. 나에게도 이런 감성이 남아 있다는 것이 신기해 보였다.

잃어버린 나를 찾고 싶다.

우리는 그동안 이직하고, 이사를 하며, 새로운 취미를 갖고 여행을 떠나기도 한다. 그 속에서 지내다 보면 그래도 그때는 그 시절은 살 만했다는 생각이 들기도 한다. 미국 첫 삶이 그랬고, 대전의 삶이 그랬다. 이 두 곳이 가장 좋은 곳으로 나의 머리에 자리매김하였다.

이민을 계획하고 4년 후, 드디어 미국 생활을 시작하게 되었지만, 설렘과 기쁨만 있는 건 아니었다. 우리에겐 정착과 적응이란 숙제가 기다리고 있었다. 지쳐 있는 몸과 정신을 돌보면서 아이들이 학교 생활에 적응하는 과정을 지켜보고 있었다. 딸들이 조금이라도 슬픈 일이 생기면, 같이 속상하고 안타까웠다. 첫째는 학교 수업 내용을 알아들을 수가 없어서 답답해 했고 하고 싶은 말을 자유롭게 할 수 없어서 힘들어 했다.

사교적인 성격이 어느덧 소극적으로 바뀌고 있었다. 초등 5학년이란 나이가 어리면서도 자신들의 영역이 있기에 친구들 무리에 들어가기란 쉬운 것이 아니었다. 둘째는 키가 아주 작다. 그래서 옆 반 친구들이 유치원생이냐고 놀린다고 한다. 그래도 딸이 상처받지 않았으면 좋겠고, 이에 어떻게 대처할지 딸들과 둘러앉아 이야기를 나누기도 한다. 그러다 보면 상처들도 어느덧 가볍게 여겨지고 웃음으로 마무리 지을 때도 있었다. 함께 이겨나가는 것이었다. 그래도 아이들이 속상해 하고 아파하는 과정을 지켜보니 안쓰럽고 마음이 아팠다.

 한편, 가족들을 챙기다 보면 어느 순간 나를 잃어버린다. 아이들이 적응하고 나면, 본격적인 나만을 위한 시간을 가질 계획이었다. 가족들의 적응을 지켜보고 안타까워하며 힘내라고 응원을 하고 있지만 진정 나 자신은 돌보지 못했다. 엄마라고 해서 항상 강인하고 인내할 수 있는 존재가 아니다. 가족의 적응과 동시에 나에겐 외로움과 우울감이 찾아온 것이다. 가족들의 적응 과정을 지켜보면서 엄마인 나도 적응 하는 시간이 필요하였고, 무엇보다 아버지를 떠나보내며 상실의 상처가 이제야 몸으로 나타나고 있었다.

 힘들 때마다 친정 엄마가 생각나고 더 기대고 싶어진다. 한국에 계신 친정 엄마께 전화를 했다. 친정 엄마도 혼자되신지 얼마 되지 않아 많은 감정이 교차하고 계실 것이다. 혼자 밤을 보낸다는 자체가 낯선 환경이 되었고, 엄마에게는 춥고도 추운 겨울일 것이다. 40살이 넘은 지금, 여전히 엄마에게 어리광을 부리고 싶어 전화하지만 좋은 소식만 전하고, 엄마의 안부를 묻고, 통화를 마무리한다. 여전히 엄마는 늘 같은 말을 하시고 통화를 마무리 짓는다.

"나는 잘 지내고 있으니 걱정하지 말고. 너희도 잘 지내고 있어라."

 누구에게 따뜻한 말이 듣고 싶은 순간은 나이가 들어서도 있다. 어릴 때는 부모님이나 선생님께 많이 듣지만, 나이가 들수록 듣기가 힘들다. 그래서 더 우울하고 외로워지기도 한다. 엄마의 한결 같은 말에 다시 마음을 잡는다. 지금 슬프고 힘들다고 속상해 할 필요는 없다. 순간 찾아온 감정일 것이다. 힘들수록 자신에게 더 이야기하면 된다. 자신을 가장 잘 아는 사람이 바로 자신이기 때문이다. 자신을 돌봐야 하는 시간이 바로 지금이다. 곁에 있는 가족에게 들으면 좋지만, 그들도 같이 적응하느라 힘들기에 마음이 여유롭지 않을 것이다.

 행복을 찾기 위해 노력을 하지만, 행복은 그리 멀지 않은 곳에 있다. 내가 바로 감사함을 느끼면 되는 것이다. 지금 이 순간 살아 있음에 감사하고, 충분히 만족스러운 환경이라고 생각하자. 열심히 살아온 것에 감사하고, 앞으로 잘 해낼 것이라고 스스로를 믿어야 한다. 남편이나 타인에게 기대하면 안 된다. 스스로 독립적으로 살아간다는 것은 물질적인 독립만을 의미하지 않는다.

잊지 말아야 한다.

나를 일으켜 세울 사람은 바로 나란 것을…….
이제 나를 돌보기로 했다.

# 마흔, 잃어버린 나를
# 찾아 가다

 엄마의 역할은 참으로 다양하다. 우선 사교적이고 표현을 잘하는 아이로 키워야 한다. 그리고 좋은 학습 태도를 만들어 주기 위한 말과 행동을 해야 한다. 운동과 악기 하나는 할 줄 알아야 하기에 가르쳐야 하고, 창의성과 사회성을 키워주기 위해 시간이 나는 대로 여행을 다니며, 놀이를 함께하는 시간을 가져야 한다.

 나는 어릴 적 일을 하느라 바쁜 부모님 아래 자라서 해가 질 때까지 언니, 오빠와 동네 친구들과 놀았다. 경제적으로 여유롭지 않아 여행이나 놀이동산에 가지 못했다. 그래서인지 여행이란 것이 익숙하지 않다. 여행의 계획부터 설레는 일이어야 하지만, 마냥 설레지는 않고 막연한 책임감이 다가온다. 더군다나 아이들에게 좋은 것을 다 해주기에는 우리 부부는 지쳐 있었고 조용히 혼자만의 시간을 갖고 싶었다.

점점 나를 잃어버리는 느낌이 든다. 엄마의 역할도 나의 일이라고 인식하며 살아야 하지만, 쉽지가 않다. 남편은 낯선 환경에서 적응하며 생활하기도 벅차기에 회사일 외에는 신경 쓰지 못한다. 무엇보다 미국이란 곳에서 내가 할 수 있는 일이 제한적이라 남편은 나의 보호자가 되어 버렸다. 그렇기에 작은 일이 생길 때마다 엄청난 스트레스를 받는다.

아이들 성격과 행동은 모두 부모의 성격과 환경의 결과라고 한다. 특히 매스컴이나 책에서는 엄마의 역할을 더욱 강조한다. 여기서 나는 많은 강박감과 부담감을 느낀다. 사실 나 역시 나를 키워가는 과정인데, 딸을 양육해야 한다는 부담이 크다. 밀린 일거리들을 뒤로하고 아이들의 스케줄과 일상을 챙기다 보면 힘에 부치고 자신의 한계를 느끼게 된다. 그렇게 지쳐 있다 보면 나와 함께 해 줄 사람이 없다는 것에 더 화가 나고 슬픔의 늪에 빠지게 된다.

혼자 해야 한다는 일이 많고, 책임과 부담감이 커지면서 속으로는 도망 치고 싶어 하는 마음도 커진다. 티 나지 않는 일들을 하고, 되돌이표가 되는 집안일을 하면서 아무런 성과나 즐거움을 얻지 못한다. 그래서 주부들이 자신의 일이 지칠 때 더 밖으로 나가서 인정받는 일을 하고 싶어 하는 것이다. 월급을 받고 인정을 받아서 자신이 중요한 가치가 있다는 것을 확인하고 싶은 것이다. 바로 이런 생각이 자주 들 때는 자신을 잃어 버렸고 지쳐 있을 때다. 그런 이유서 인지 잃어버린 나를 찾고 싶다.

나는 무엇을 잃어버린 것일까? 분명 집에서 하는 일들이 많고 엄마의 역할로 해야 할 일들도 충분히 많은데 무엇을 하고 싶고 찾고 싶은 것일까?

분명 나를 찾는 여정을 떠날 시기가 왔다.

시간이 나는 대로 수첩에 내가 하고 싶은 이야기, 나의 감정, 내가 좋아하는 것, 내가 가진 능력이 무엇인지 적어둔다. 결혼하고 나서 무엇을 하였고, 지금 이 환경에서 내가 할 수 있는 일들이 무엇인지 적는다. 그렇게 나의 생각부터 정리한다.

평범한 사람은 시간을 소비하는 데 마음을 쓰고,
재능 있는 사람은 시간을 이용하는 데 마음을 쓴다.

_쇼펜하우어

# 4장

# 변화의 고통은
# 복리의 성장으로 이끈다

# 처음이지만 하다 보면
# 익숙해진다

 

어떤 이는 일을 해야지 살 만하다고 한다. 그녀는 전업주부의 삶을 살고 있지만, 하루에 몇 시간을 투자하고 소량의 생활비를 벌고 있다. 또 다른 이는 집안일만 해도 하루가 빠듯하다고 한다. 아침부터 아이들을 등교시키고, 청소, 빨래, 그리고 반찬거리를 만들다 보면 오전이 가고, 아이들이 집으로 돌아오면 다른 일상이 기다리고 있어, 자신을 위한 시간을 갖기 힘들다.

나는 전업주부의 삶을 살고 있지만, 집안일에 온통 시간을 쓰지 않는다. 청소기도 이틀에 한 번 돌리고, 청소하는 데 시간을 많이 소비하지 않는다. 반찬을 잘 먹지 않는 아이들과 남편 덕분인지 반찬 만들 일도 적다. 거의 저녁에 주 메뉴로 식사가 이루어지고, 아침에는 간단한 국이나 요리로 식사를 하기에 딱히 요리하는 데 시간도 많이 들지 않는다. 하지만 오전에 나의 체력을 충전하지 않으면 오후 4시쯤 방전이 된다. 아이들이 잠들기까지 엄마의 손을 많이 필요로 하기에 최대한 오전에 내가 하고 싶은 일이나 휴식을 다 취해야 한다. 그러고 보니 전업주부의 삶도 각기 다르다.

어떤 곳에 소속되어 하고 싶은 일도 있지만, 나를 발전시키고 점점 나아지는 나를 발견하고 싶은 맘이 간절하다. 요즘은 계속 비가 와서인지 마음도 처져 있었다. 다시 바닥으로 내려가는 기분이었다. 이 꿈틀거림 속에서 다시 찾게 되는 것이 공부다. 남들 따라 하는 공부가 아니라 내가 필요로 하고 더 알아보고 싶은 공부이다.

삶이 힘들고 흔들릴 때, 우연히 짧은 영상을 보게 되었다. 거기에서 인생을 변화시켜 줄 〈내 삶의 의미는 무엇인가〉라는 책을 만나게 되었다. 책을 통해 박상미 교수님과 이시형 박사님을 알게 되었고, 네이버 카페를 검색하다가 의미 치료 심리 상담사에 대해 알아보았다. 나는 3급 과정 수강생이 되어 수업을 듣게 되었다. 나를 살리고 싶은 마음이 컸다.

2급 과정 수료는 몇 년 동안 해온 박사 과정 학위증 못지 않게 나에게는 가치 있는 것이었다. 같이 수업 듣는 분들은 심리 상담 전공자도 많고, 글도 잘 쓰시고 말씀도 잘하시는 분들이었다. 나뿐만 아니라 가족을 이해하고 싶어서 2급 과정을 밟았다. 하지만 같이 공부하는 동기 선생님들에 비해 부족함을 느끼고 과연 내가 심리 상담사가 될 자질이 있는지에 의문이 생기기 시작했다. 모든 부분에서 부족함을 느꼈기에, 1급 과정을 멈추었다. 따라갈 자신이 없었던 것이다.

미국으로 정착하고 조금씩 자리를 잡아갈수록 다시 의미치료 심리 상담사에 도전해 보고 싶었다. 그 이유는 알 수 없지만 더 열심히 공부하다 보면 알게 되지 않을까 하는 생각과 배움을 통해 누군가에게 도움을 줄 수 있을 것 같은 생각 때문이었다. 수업도 시차를 계산하여 그 시간에 맞추어 자리에 앉아야 한다. 때로는 금요일 늦은 밤이나 평일 새벽에 책상에 앉아서 수업을 기다려야 한다. 학회에 연락을 남기고 1급 과정을 신청하는 방법을 문의하니, 조만간 1급 과정이 열릴 것이라고 한다.

나는 2기이지만, 6기생들이 1급 과정을 준비하고 있었다. 긴 고민이 지속되었다. 한국에서 수입이 없어 적금과 정기예금으로 돈을 묶어 두었기에 돈을 마련하는 것이 우선이었고, 무엇보다 1급 과정은 힘든 과정임을 알기에 꼭 해낼 수 있을까? 여전히 상담사로 잘해 낼 수 있을까? 라는 생각이 들었다. 평소의 성격으론 당장 가입하고 진행할 텐데 신중하고 또 신중하였다. 하지만 시간이 갈수록 묘한 이끌림이 있었다. 바로 이 길로 가라는 계시가 있는 것 같았다.

이번 첫 수업은 한국 시간으로 토요일 오전, 미국 시간으로는 금요일 오후 6시 넘어서 있었다. 저녁 식사를 마치고, 서둘러 아이들 머리를 감겨 주고, 아이들에게 숙제를 내어 주고, 노트북과 책 두 권, 연습장을 들고 아이들 방으로 향했다. 오늘 수업은 5시간 30분이 걸린다. 중간에 한 시간 쉴 때 잠자리에 들 아이들을 준비시켰다. 오랜만에 공부해야 한다는 설렘에 들떠 있는 나 자신을 발견했다. 내가 할 수 있는 상담이 뭘까? 나는 많은 전업주부들이 행복해지길 바란다. 그녀들이 자녀를 키우면서 행복감을 느끼고 자기 자신을 아끼며 행복해지길 바란다.

상실감과 성취감을 느끼지 못할 때 자신을 찾아가도록 같이 걸어주는 동행자가 되고 싶은 것이 내가 심리 상담 공부를 다시 하게 된 이유이다. 다양한 방면에 능통한 전문 상담사가 되어야 한다는 부담감을 내려놓고 행복을 추구해 가는 주부를 위한 상담을 위하고 싶다. 심리 상담 고민을 할 때 많이 걱정해 준 분들이 있다. 나의 성격을 알 뿐더러 상담이란 자체가 힘든 사람들의 말을 들어 주는 것이기에 쉽지 않다는 것을 잘 알고 있는 이들이다.

그렇기에 내가 좀 더 쉬운 길로 가길 바란다고 조언하였다. 하지만 그들의 걱정과 달리 나는 이 길을 택했다. 나의 아이들에게 쉬운 길로 가라고 싶지만, 무엇보다 일을 할 때 의미 있는 일을 택하라고 하고 싶기 때문이다. 돈과 직위를 따라가는 것보다 먼저 생각해야 할 것은 바로 일의 진정성이다. 바로 그로 인해 너 자신이 의미 있고 가치 있는 사람이 되어야 한다는 것을 알리고 싶고, 나 역시 그 길로 걸어가야 한다고 생각한다.

남편이 자주 하는 말이 있다. 언제까지 돈을 쓰면서 공부만 하고 돈은 언제 버냐고? 사실 그렇다. 공부방을 운영할 때도 공부방 홍보비와 책상과 의자, 교재 준비로 돈이 더 들었다. 약간의 투자 금이 회수되고 순수 수익으로 들어올 때 이민을 해야 했기에 공부방을 접을 수밖에 없었다. 책을 쓰는 것도 출판사와의 약속이 있기에, 몇 부는 내가 사야 한다. 심지어 나는 책을 구입하여 지인들에게 선물을 하였다. 그러면서 42,000원의 인세비가 들어왔을 때는 날아갈 듯 기뻤다.

과학 실험 특강을 할 때 수업료도 좋았지만, 수업 준비와 아이들 간식비로 모든 수입을 썼다. 아이들 친구들에게 무료로 수업을 해 주기도 했다. 남편이 웃으면서 나를 봉사자라고 했다. 사실 그렇다. 수익금보다 쓴 돈이 더 많은 것이다. 하지만 이렇게 내가 하고 싶은 일들을 할 수 있는 시간과 여유가 주어진 것에 감사하다.

처음 새로운 것을 할 때 보다 두 번째 경험할 때 더 진지해진다. 의미 없이 하는 것이 아니기에 결심을 하고 도전하며 몰입을 하게 된다. 나이가 들수록 더 의미 있는 일을 찾게 되고, 이전의 일을 찾을 때와 관점이 달라진다. 무엇보다 공부를 멈춰서는 안 된다. 처음에는 직업을 갖기 위해서 공부를 하였고, 이제는 생활에 필요한 부분을 채워 가기 위해서 소재를 찾게 된다. 앞으로 다가올 미래에 대해 불안해하고 두려워하지 말고 책과 영상으로 대비를 한다면 미래는 더 흥미롭고 재미가 있을 것이라 기대에 차 있게 된다. 처져 있거나 진흙탕에 빠져 있다고 생각이 들 때, 나는 새로운 공부 거리를 찾고, 다시 나를 일으킬 준비를 한다.

# 작은 용기가
# 변화를 일으킨다

　미국에서 일을 하기 위해서는 일을 할 수 있는 비자가 필요하다. 영주권을 취득하고 이민을 왔기에 합법적으로 일을 할 수 있었다. 이민하기 전 한국 학교에 대해서 알아보고 있었다. 영어로 수업하지 않아도 되고, 아이들을 한국학교에 보내고 나는 그 시간 동안 수업을 하면 되었다. 주중에는 아이들을 돌보고 토요일은 한국 학교에 가면 되는 것이었다. 이력서와 증명서를 교장 선생님께 보내고, 미국으로 출국하면 연락을 달라고 하셨다. 집이 정리가 되면서 다시 한국 학교에 연락하였다. 그렇게 대강 교사로 일을 시작하였다. 마침내 한 학기가 지나고 정식 교사가 되었다. 내가 맡은 반은 초등 2학년이다. 일반적으로 미국에서 태어나거나 어릴 때부터 이곳에서 살아서 말은 하지만 한글이 익숙하지 못한 친구들이다. 둘째와 같은 나이라 아이들 특성을 이해하는 데 어려움이 없을 것 같았고 무엇보다 대강 교사하면서 성장할 수 있을 것 같았다. 얼마 후 첫 담임도 맡게 되었다.

중학교, 고등학교, 대학교까지 수업을 해봤지만 아주 어린 학생들을 가르치는 것은 나에게 있어서 새로운 도전이었다. 나이가 어릴수록 그들을 통제하고 수업을 이끌어야 하는 것이 나에게는 쉬운 것은 아니었다. 하지만 딸을 키우면서 그들의 사고와 행동을 이해하게 되었고, 어린 학생들도 할 수 있을 것 같은 용기가 작게 피어나고 있었다. 교재는 생각한 것보다 쉬워서 문제는 없어 보였다. 하지만 수업에 학생들의 적극적인 참여를 요구해야 하기에 교사의 능력을 요구하는 부분이 많다. 사랑만으로 가르칠 수는 없는 것이다. 적극적으로 참여하는 아이들도 있지만, 지루하게 지내다가 가는 친구들이 있기에 이들에게 어떤 인상을 심어 줄 수 있을지 궁금하다. 평소보다 일찍 일어나 화장하고 준비하니 딸들도 좋은지 엄마가 주말마다 일하는 것에 협조를 해 주었다. 한국 학교의 수업료는 생각보다 작았다. 봉사의 정신이 없으면 못 할 일이었다. 하지만 돈으로 따질 수만 없는 일, 감사하게 번 돈이 더 가치 있길 바라면서 배움을 계속 이어갈 것이다. 그렇게 미국에서의 첫 직업을 가지게 되었다.

전업주부는 생산보다는 소비를 많이 한다. 생활비로 마트에서 장을 보고 필요한 것을 온라인으로 주문한다. 그렇게 되다 보니, 통장으로 들어온 돈이 나를 통해 나가는 느낌이다. 이런 소비 때문에 살림을 꾸려 나가기가 어려워진다. 그래서인지 소비보다는 생산 쪽에 가치를 더 두게 되는 것 같다. 이번에 번 돈의 액수는 남편이 벌어 오는 것에 비하면 한없이 적지만, 그 의미는 높다. 이곳에서 일자리를 구하기 힘들고, 아이들을 돌보면서 번다는 자체가 더 의미 있는 것이다. 그 시간을 위해 수업 준비하고 24명의 학생들과 도우미 3명의 선생님과 함께함으로써 많은 것을 배우게 된다. 좋은 에너지를 받는 자체가 흥미로운 일이다. 앞으로 한국 학교에서 반 학생들과 어떤 모습으로 일 년을 만들어 갈지 기대가 된다. 훗날 지금보다 많이 성장한 모습으로 마무리되길 희망한다. 미국에서 일을 할 수 있는 자체가 감사한 일이며, 내가 살아 있고 아직은 쓸모가 있다는 것을 알게 되었다.

딸들이 커갈수록 나의 시간이 늘 것이고, 집과 육아를 벗어나 다른 일들을 조금씩 늘려갈 것 같다. 아직은 할 수 있는 일들이 많지 않지만 분명 할 수 있는 일들을 더 찾고 있을 것이다. 삶의 중심이 흔들리지 않고 지치지 않는 선에서 삶의 원동력이 되어 줄 일들이 나타나길 희망한다. 열심히 살고 있는 나를 칭찬해 주고 싶다.

# 시간은
# 흐르기 마련이다

 앞서가는 내가 있으면, 뒤에서 많은 일을 하며 따라오는 남편이 있다. 한국에서 정착할 것 같던 우리는 외국으로 다시 나갈 준비를 하였다. 앞날이 보이는 것이 아닌 미지의 세계에 살아보고 싶었던 것이다. 인생 후반기는 다르게 살아 보자는 게 공통된 마음이었다. 지금이 아니면 용기가 나지 않을 것 같았다. 한 해가 지날수록 새로운 것을 도전한다는 것에는 설렘보다 두려움이 먼저 느껴졌다. 더 이상 미루지 말고 용기가 조금이라도 날 때 변화를 가지자고 다짐을 하였다. 그리하여 우리는 현재 실리콘 밸리에서 지내게 되었다.

 인터뷰를 하고 비자가 나오기까지 바쁜 하루가 지나가고 미국으로 와서는 2주 동안 정착하기 위한 일들을 해내고 있었다.

가끔은 초인적인 힘이 나온다는데 바로 이때였다. 다시 찾은 이곳은 예전과 다름없었기에 동네를 탐색하거나 지역을 익히는 데 어려움은 없었다. 그동안 많은 한국 마트가 생기고 한국의 문화, 음식이 많이 전파가 되었다는 것을 몸으로 느끼고 있었다. 변덕스러운 겨울 날씨에 적응하기도 하였다. 봄이 오고선 예전 그대로의 캘리포니아 날씨를 만나게 되었다.

  남편은 가정을 안정시키고 회사로 나가 일을 한다. 아이들만큼 남편도 주위 사람들, 회사 분위기, 업무에 적응하느라 힘들었을 것이다. 매주 진행되는 회의가 생각보다 많아서 일을 하는 데 시간이 부족하다고 한다. 한국의 회의는 실속 있고 체계적인 반면 이곳은 주제에 벗어난 대화가 많기에 이해가 되지 않는다고 한다. 회사에 돌아온 그는 녹초가 되어 있고, 저녁을 먹은 후 침대로 돌아가 잠깐 쉬다가 잠이 든다. 그 후 아이들과 자려고 할 때 다시 일어나 자료를 정리하고 공부를 한다. 몇 시에 남편이 잠드는지 모른다. 중간에 깨서 보면 여전히 노트북 타자 소리가 온 방을 가득 채우고 있다. 어두운 방에서 작은 스탠드를 켜고 그는 매일 일을 한다. 남편이 일에 집중하면서 집안일과 아이들 관련 일들은 모두 나의 일이 된다. 아이들 일정과 이웃과의 만남은 모두 남편에게 보고, 통보하는 식으로 전해진다. 가장의 무게가 크기에 그의 짐을 덜어줄 방법은 나의 역할을 잘

해내는 것이었다.

과연 아이들이 대학에 가고 나면 우리는 한국으로 돌아갈 것인지 아니면 이곳에 남아서 정착할 것인지 아직 정하지 못했다. 살아 보고 결정하기로 했다. 정착하기 위해서는 노후 대비와 집 마련을 해야 하고 무엇보다 생활하는 데 불편함 없이 영어를 해야 한다. 노후 대비를 위해 연금 계좌를 만들어야하고 저축해야 한다. 그러기 위해서는 하고 싶은 것이나 넓은 집에서 살고 싶다는 것에 대한 헛된 욕망은 버리고 현실을 받아드려야 한다.

미국은 신용으로 살아가는 사회이기에 무엇보다 신용 점수가 중요했다. 신용 카드를 몇 개를 만들어 신용 점수를 높이기 위해 노력을 하고 있다. 나중에 돈이 마련된다면 작은 아파트를 사는 것에 목표를 두었다. 지금쯤 한국에 있었다면 집에서 적절한 사회적 위치에서 안정화된 상태로 살고 있었을 것이다. 하지만 우리는 변화를 택하게 되었고, 우리 앞에는 앞으로 헤쳐 나가야 하는 일들이 쌓여 있다.

남편이 일에 집중하며 다른 것을 보지 못한다. 처음에는 이곳이 좋을지 다른 곳이 좋을지 몰라 이사를 알아보았으나, 차츰 적응되면서 이곳이 좋다는 것을 느낀다. 주소 변경과 아이들 전학을 다시 하고 싶지 않다. 무엇보다 이사도 만만치 않기에 그대로 지내고 싶다. 아이들에게 더 이상 전학은 가지 않을 것이라고 친구들 많이 사귀고 재미있게 지내라고 말했다.

 이민 이사는 정말 만만치 않았다. 행정적 처리와 이사가 생각보다 많고 우리를 지치게 한다. 그래서인지 여행을 가고 싶다는 생각도 나지 않는다. 평일에 시간이 나거나 주말이 되면 가까운 공원에 가서 놀이터에서 놀고 보리와 잔디 위에서 뛰어논다. 조금 시간이 지나면 여행을 다니고 싶어질지 모르지만 아직은 아니다. 여행 경비를 마련하고, 여행 계획을 짜는데 더 여유로워야 할 것 같다. 여행만이 해답은 아니다. 조금만 나가면 공원과 바다가 있다. 그곳에서 돗자리를 펴고 둘러앉아서 도시락을 먹고, 공원 그릴에 바비큐를 해서 먹는 소소한 행복도 있다. 최근 텐트와 에어 매트를 마련하였다. 캠핑 장소를 예약하여 캠핑하러 다닐 것이다. 시간과 돈이 절약되기에 여행을 캠핑으로 바꾸게 된다. 아이들이 자연 속에서 생활하길 바라는 우리의 바람 때문이다.

 남편과 함께하는 산책 시간이 가장 편안한 시간이다. 남편과 밀린 대화를 하며, 각자의 이야기를 나누고 돌아온다. 함께 걸어야 길은 길고 멀기에 멀리 내다봐야 한다. 건강함을 유지하고 같은 취미를 가지기 위해 함께 테니스를 배우기 시작했다. 무엇보다 회사와 집만 오고 가는 남편에게 추천하였다. 나이 들어서 부부가 함께 운동할 것이 있다면 좋을 것 같다. 몸에 좋은 영양제와 음식을 먹으면서 함께 걸어가는 데 힘이 되어 주었으면 한다. 흰머리가 많이 생긴 남편과 주름이 생긴 내가 서로 나이가 들면서 겸손해지고 익어가길 바란다.

처음 왔을 때와 비교하면 이곳에서도 많은 이웃들을 만났다. 같은 학교에 다니고 옆 아파트에 사고 있는 세 가족과 온라인 카페에서 알게 된 두 가족도 있다. 처음 박사 후 연구원으로 지낼 때 만난 지인도 한 달에 한 번 정도는 만나고 있다. 새로운 가족을 만날 때 반갑고 설렜다. 아이들도 한국말을 할 친구가 생긴 것에 안도감을 느끼고 그들과 함께하는 시간이 늘어났다. 같이 공터에서 놀고, 생일 때는 함께 파티를 해주고 주말에 바비큐를 한다. 우리 가족만 하다가 함께하니 더 풍요로워지는 것 같다.

오래전부터 알고 지내온 가족을 만나면 함께 살아간다는 느낌을 받는다. 두 부부를 보면서 미국의 삶이 어떠한지 알 수가 있었다. 각자 미국에서 자리를 잡고 살지만, 한국으로 돌아가서 노후를 보내고 싶다는 생각을 많이 하고 있다고 한다. 여전히 미국은 옷에 안 맞는 옷을 입고 있는 기분이라고 한다. 이민자의 마음은 다 비슷하다. 젊은 신혼부부도 한국에 다녀오면 한국에서 살고 싶다고 생각을 하다가 미국에서 지내면서 묵묵히 자신의 일을 계속하게 된다고 한다.

어쩌면 조용하고 편안한 동네를 와서인지 소박하고 소소한 일상을 보낼 수가 있는 것 같다. 실리콘 밸리에서는 미국 교육의 장점을 찾아보기 힘들다고 한다. 중국과 인도 사람들의 교육열은 대단하고 가족 모두 헌신적으로 지지하고 있다. 빈부 격차도 느낄 수 있는 곳이지만 아직은 그 문화를 직접적으로 접하지 않아서 교육에서 오는 어려움을 크게 경험하지 못한다. 치열한 경쟁사회에 속해 있지 않음에 안도가 된다. 중학교, 고등학교를 올라가면서 필요한 것들이 무엇이며 어디에 중점을 두고 지내야 하는지 알 수는 없지만 아이들과 차근히 알아갈 것이다.

새로운 사람들을 만나면서 점점 한국에서 함께 시간을 보낸 사람들을 생각하는 시간이 줄어들었다. 처음에는 매일 이곳의 소식을 전하였지만 이것이 부담스럽게 느껴지는 순간이 오는 것 같아 소식을 전하는 것을 멈췄다. 한국의 생활도 바쁘게 흘러가는 것을 알기에 타인의 삶을 알 필요는 없기 때문이다. 그냥 지나가다가 옛 생각이 나고 이웃이 생각나면 사진으로 보며 그때 좋은 시간을 가졌다는 것을 떠올린다. 머리의 뇌는 기억을 저장하는 것이 한정적인가 보다. 넘치게 되면 다른 것은 지우게 하나 보다. 사진으로 그들이 살아가는 모습을 지켜본다. 소중한 시간을 함께 보내고 좋은 추억을 간직할 수 있었던 그때가 그립고 그 장소가 아련한 게 느껴진다. 지금 이 순간도 지나면 아름다운 추억으로 되살아날 것이다.

# 성장통이 있어야
# 성장한다

 

첫 등교 전날 두 딸은 학교에 들고 갈 필통과 가방을 정리하고 입고 갈 옷을 꺼내어 침대 옆에 두었다. 첫 등교의 설렘으로 새벽에 일어나 아침을 달라고 기다리고 있었다. 설렘과 긴장 속에 시작된 하루가 되었다. 학교를 마치고 돌아오는 차에서는 학교에 있었던 일, 점심은 무엇이 나왔는지, 친구는 사귀었는지, 수업을 알아듣는지 걱정하던 부분을 계속 질문을 하였다. 설렘 반, 걱정 반으로 적응 기간을 거치고 있었다.

한국에서 미국으로 가면 수학은 한국 사람이 잘하니깐, 수학은 걱정하지 말라고 들었다. 하지만 현실은 달랐다. 첫째는 3월생으로 한 학년이 높은 반에 들어가게 되었다. 개념과 원리 위주로 하는 수학 수업을 따라가기 힘들었다고 한다. 무엇보다 수학 용어가 가장 어려웠다고 한다. 급히 수학 과외를 알아보고, 수학 문제집을 주문하여 집에서 매일 풀었다. 온 힘을 다해서 공부하고 나니 3개월에 한 학년 과정을 배운 것이었다.

담임 선생님도 첫째가 처음에는 수학이 느려서 따로 지도해 주셨지만 이제는 친구들처럼 진도를 나가게 되어서 놀랍다고 하셨다. 답답하고 막막한 교육 현실을 부딪치고 무엇이든지 해야만 할 때 큰딸이 나를 믿고 잘 따라와 줬다. 나도 처음이기에 서툰 부분이 많아서 많은 시도를 하고 멈추기를 반복하였다. 미국에 오면 아이들 공부는 더 쉽게 할 줄 알았는데 현실은 전혀 아니었다. 미국에 대한 환상이 현실로 다가온 것이다. 힘들어하는 첫째를 보면서 같이 마음이 아팠고, 속상해서 잠을 설쳤던 날들이었다.

말을 하고 싶은데, 친구를 사귀고 싶은데 말이 나오지 않아 아무 말도 못하고 온 날이 많다. 첫째를 더욱 힘들게 하는 것은 바로 한국에 있는 친구들의 그리움이었다. 많은 시간 같이 보내던 친구들을 갑자기 떠나고, 낯선 곳에서 새로운 친구를 만난다는 것은 쉬운 일은 아니었다. 초반에는 매일 첫째에게 편지를 쓰고 충분히 우리는 잘하고 있다고, 지금 힘든 것은 당연하다고, 시간이 지나면 우리도 편해질 것이라고 힘내자며 이야기를 했다. 하루는 큰딸이 "엄마도 힘들지?"라고 말을 나에게 했다. 나는 눈물이 왈칵 쏟아졌다. 자신이 더 힘들 텐데, 엄마를 생각하고 공감해 준다는 자체가 고마우면서도 미안한 마음이 들었다. 혼자가 아니라 가족이라서 우리는 조금씩 힘을 내 주고 있었다.

항상 자녀에게 좋은 것만 줄 수는 없는 법, 힘들고 어려운 시련도 줘야 하는 것이 부모의 역할이다. 어려움을 극복해서 일어서는 법을 같이 배우고 느끼고 있기에 이 과정이 의미가 있다고 용기를 주었다. 온 가족이 함께 같은 길을 걸어간다는 것이 큰 힘이 되는 순간이었다. 먼저 온 지인들이 우리에게 이야기해 주었다. "6개월이 지나면 아이들도 적응을 한다." 하지만 6개월이란 시간은 우리에게는 너무나도 먼 미래 같았다. 힘겨워 하는 딸을 바라보니 빨리 시간이 흘러 6개월 후가 되길 바랐다.

어느덧 6개월을 지나서 7개월로 가고 있다. 신기하게도 그들의 말이 맞았다. 시간이 약인가 보다. 아이들은 친구를 사귀고 이야기도 한다. 여름 캠프에 간 첫날 첫째는 같은 중학교에 갈 친구를 한 명 사귀었다고 이야기하고, 바이올린 수업 들을 때도 옆에 있는 독일에서 온 친구를 사귀었다고 했다. 이제야 첫째의 사교성이 빛을 발하는 모습을 볼 수 있었다. 그동안 얼마나 힘들고 답답했을까? 소중한 사람들을 헤어지게 만든 우리가 미안할 따름이었다. 지나고 보면 어릴 적 친구를 계속 연락하고 지내기가 어렵고 흔하지 않다는 것을 알지만 당시에는 친구가 인생의 전부이기에 이해한다. 옆 학교에 다니는 한국 친구를 한 명 알게 되었다. 그 친구는 내년에 한국으로 돌아갈 계획이지만 그래도 중학교는 같이 시작할 수 있게 된다. 친구를 만나고 와서 같은 또래이니 말이 통하고 관심사가 같고 좋다고 했다.

아이들이 맘껏 뛰어놀고 자유롭게 성장하기를 바랐다. 우리가 이민을 선택한 것이 틀리지 않았다. 이곳에서도 교육열 높은 아시아계, 중국과 인도인이 많이 살고 있기에, 사교육은 넘치며, 빈부 격차도 크다. 둘째는 학원에 다니지 않지만, 첫째는 영어와 수학을 배운다. 이곳에 와서까지 영어 과외를 할 줄은 몰랐다. 학년이 높다 보니 어려운 수업 내용을 따가려면 다른 학습이 필요했다. 집에 와서 나름 노력했기에 6개월 사이에 많은 발전이 있었다. 학교 수업을 따라가기에 어려움이 없다면 영어 과외는 그만두게 할 생각이다.

여기가 한국인지 미국인지 모르는 둘째는 한국보다 더 많은 친구를 사귀었다. 한국에서는 줄넘기를 잘하지 못하여 따로 배웠는데, 여기 와서는 줄넘기를 제일 잘하는 학생이 되었다. 한국에서는 생일이 제일 느려 막내처럼 보였지만 여기서는 중간 정도의 나이이기에 수학 공부를 월등히 잘하고 있다. 영어로 어려움을 느낄 때마다 남편은 아이들에게 말해 주었다.

"너희는 한국말을 학교에서 제일 하는 사람이야. 너희들은 특별한 거야."

처음 둘째가 교실에서 말이 없어서 친구들이 둘째가 말을 못하는 사람인 줄 알았다고 한다. 조잘거리며 끊임없이 말하는 아인데, 영어를 하지 못해서 말을 하지 못한 것이었다. 캠프에서 같은 반 친구와 옆 반 친구 한 명을 만나서 같이 삼총사가 되어서 놀고 있다고 한다. 이제는 한국보다 미국이 좋다고 한다. 계속 놀 수 있고, 학교에서 만들기 수업을 많이 한다고 해서 좋다고 한다. 주 1회 이상은 한인 친구들과 모여서 수영하고, 도서관에서 수업을 듣고 잔디에서 뛰어논다.

지금까지 아이들이 학교 가기 싫다고 이야기하지 않아서 감사하다. 방과 후 놀이터에서 손에 물집이 잡힐 정도로 놀았다. 그 결과 두 딸은 구름사다리에서 묘기를 부린다. 그러는 사이 각자 하고 싶은 꿈도 생겼다. 차츰 친구들과 일상 이야기를 하고 학교 행사에 참여하고, 아파트 친구들과 시간을 보내다 보니 시간이 이렇게 흘렀다.

   처음 캘리포니아 실리콘밸리로 온다고 해서 많이 검색하고 기대에 부풀었다. 따듯한 겨울, 갑작스런 비바람이 불더니 이제는 온화하고 따듯한 하루가 계속되고 있다. 익숙한 환경, 소중한 친구들을 남겨 두고, 그 세상에서 혼자 덩그러니 나와서 새로운 세상에, 마음을 말할 곳이 없는 이곳에서 살아가기가 점점 버겁게 다가왔다. 처음 몇 달은 가슴 아프고 속상하고 두려웠다. 그래서 적응하기 위해 많은 노력을 하였다. 아이들이 느끼는 이곳은 어떤 곳일까? 힘든 처음 적응기를 지나면 아이들 스스로 성장해 있을 것이다. 어떤 낯선 상황이라도 잘 견뎌내고 노력하면 만족할 만한 환경을 만들 수 있다는 것을 알게 될 것이다.

   미국이란 곳을 우리는 택했다. 아니 미국이 우리를 택해 주었다. 아이들은 부모를 따라 미국으로 오게 되었다. 이 선택이 어떻게 정의될지 모르겠지만 어디에서나 살기는 같다. 지금, 이 순간이 적응이 된 것인지 모르겠다. 하지만 지금 6개월 동안 정말 애써 준 두 딸에게 감사하다.

   '그동안 속상해하며 몰래 흘린 눈물들이 너희들이 살아갈 앞날에 큰 용기와 힘으로 나타날 거야. 앞으로 다가올 미지의 세계를 설렘과 기대감으로 바라보자. 너희들의 앞날을 응원하고 항상 엄마는 옆에 있을께.'

# 나도 몰랐던
# 내 남자의 이야기

　나는 하루에도 몇 번씩 감정이 흔들리기를 반복하는데, 남편의 감정은 흔들림이 작고 고요하게 머문다. 남편에게 일이 가장 최우선이다. 어떤 상황에서도 일에 관한 생각뿐이고, 그에게 주어진 일들을 해낼 때 성취감과 보람을 느낀다. 가끔 일이 잘 되지 않을 때는 괴로움을 토로한다. 일을 잊고 잠시 다른 곳에 집중하며 쉬면 좋지만 그렇지 못하니 안타까울 때가 많다. 나는 온통 가정과 아이들에 집중을 한다. 서로 관심사가 다르기에 일로 인해 남편이 힘들어 할 때 이해하지 못한다. 남편이 힘들어 하고 좌절하는 모습을 보면 튼튼한 나무가 바람에 흔들려 뽑혀 가는 느낌이다. 나에게 전염이 되면 나는 며칠 동안 불안하고 걱정하며 더 힘겨워 했다. 이런 나를 잘 알기에 나를 다치게 하지 않는 법을 터득하고 있었다. 남편의 무거운 짐을 내가 나누어 가지기엔 나는 그것을 짊어질 힘과 용기가 없었다. 그렇게 시간이 흐를수록 점점 그 고뇌가 나에게 전염되지 않게 방어하고 있었다.

　남편이 잘하는 것과 잘하지 못하는 것도 잘 알고 있다. 그렇게 부족한 점을 채우기 위해 열심히 내가 더 분발해야 할 때도 있다. 때로는 내가 못 하는 고속 도로의 운전을 해주기 위해 매번 장거리 운전은 남편이 맡아서 한다. 서로 못하는 것을 보완해 주며 살아야 하지만 남편이 하는 것은 당연히 해야 하는 것으로 여기고 있었다. 때로는 부모님처럼 온 가정을 책임져야 하는 가장의 역할을 기대하고, 나이가 많은 오빠처럼 이해심이 많아야 하고 위험하고 험한 일들을 당연히 해야 한다고 생각하고 있다. 서로 하지 못하는 일을 상대방에 부족함을 채워주고 있음에도 당연하다 여기고 고마움을 느끼고 있지 않다. 그래서 피해의식에 빠져있으며, 서로 이해 못 해준다고 슬퍼하고 속상해 하기도 했다.

　아파트 계약 기간이 끝나 갈 무렵, 그토록 기다리던 적절한 가격에 원하는 아파트가 새로 나왔다. 서둘러, 나는 딸들과 아파트 구경을 갔다. 같은 단지 내 있는 아파트라 보리를 산책하면서 여러 번 탐색한 집이었다. 층간 소음을 해결해 줄 1층에

방이 3개인 구조였다. 날짜, 가격, 구조까지 모든 조건이 딱 맞았다. 수납 공간이 많고 엘리베이터가 연결되어 있어 생활하는 데 편리하였다. 몇 개월 동안 지켜본 아파트가 운명처럼 우리에게 다가왔다. 앞으로 이곳에서 층간 소음 없고, 채광도 좋으며, 아이들이 고등학교 졸업할 때까지 살 수 있을 것 같았다. 무조건 이 기회를 잡아야 했다.

서둘러 계약을 진행하길 바랐지만, 그러지 못했다. 가장 큰 장애물! 남편을 설득해야 하는 과제가 기다리고 있었다. 하지만 남편은 처음부터 이사하는 것을 거부했다. 이사를 하게 되면 이사비와 청소비, 지금보다 높은 임대료가 들기 때문에 낭비로 여겼던 것이다. 하지만 이전보다 집값이 많이 떨어졌고, 한국학교와 과외를 통해 버는 나의 수입을 보태면 이사는 충분히 가능했다. 연금과 저축을 하고도 남는 돈이었다. 우리는 왜 이사해야 하는지 남편에게 설명하였다. 층간 소음으로 경고를 몇 번 받아서 집으로 아이들 친구와 이웃을 초대할 수가 없었다. 사람과의 소통을 좋아하는 딸과 나에게 지금 집은 편한 곳이 아니었고 안정감을 주지 못했다. 집에 오면 조용히 있어야 했고, 그러다 보니 집이 활력소가 되지 못하고 고립감을 주는 곳이 되었다.

집이란 것이 무엇인지 우리를 점점 소극적으로 만들고 있었다. 아늑하고 따뜻한 공간이 되어야 할 집이 불편하고 스트레스를 유발하고 있었다. 첫째가 사춘기가 되고 고등학생이 되면 둘째와 공간을 분리해야 했다. 첫째와 둘째는 성격이 다르다. 조용하고 속으로 생각을 많이 하는 첫째인 반면 둘째는 자신의 생각을 꼭 말로 표현하고 자주 노래를 부른다. 잘 때까지 조잘거리며 옆에 있는 사람에게 이야기를 한다. 첫째는 최근 이명이 생겼다. 아마 스트레스가 원인인 것 같았다. 첫째에게는 조용히 혼자 있을 시간이 필요해 보였다. 근처 도서관이나 혼자 다닐 곳이 있으면 좋지만, 도서관에 가기에는 거리가 멀고 조용히 지낼 곳도 마땅치 않았다. 학교를 마치고 바로 집으로 와서 종일 나와 동생과 같이 생활해야 한다. 이러한 복합적인 이유로 방이 세 개 있는 집으로 이사를 하고 싶었던 것이다. 지금 쓰는 생활비에서 외식비와 물건 사는 소비를 줄이면 충분히 가능해 보였다.

하지만 남편은 나와 의견이 달랐다. 보는 관점이 달랐다. 나는 연금을 넣고, 저축한 다음 남는 돈으로 아파트 이사를 원하였지만, 남편은 늘어날 지출을 위해 아끼자는 것이었다. 불편한 대로 살면 된다는 것이었다. 갑작스럽게 생길 치료비, 생활비를 위해 여윳돈을 대비하자는 것이었다. 남편은 위급, 응급한 상황을 위해서 더 저축하자는 것이고, 나는 생활비와 저축, 연금을 충분히 할 수 있기에, 지금의 불편함을 덜어줄 조건이 맞는 곳으로 이사를 원했다.

그러나 오랜 시간 동안 찾은 아파트이기에 남편은 결국 우리의 말을 들어주었다. 남편이 찬성해 주면 이사 업체를 선정하고 이사하는 것은 내가 책임을 지기로 했다. 결국 모든 게 순조롭게 진행되고 이제 꿈꾸던 곳으로의 이사만이 기다리고 있었다. 다른 일 때문에 잠도 못 자고 힘들었는데 잠시나마 기쁨을 만끽하고 설레기 시작했다.

그런데 계약을 알아보던 다음 날 아침, 그 집에 새로운 입주자가 나타나 집주인이 계약을 해 버렸다. 그동안의 노력과 바람이 물거품이 되고 말았다. 꿈꾸던 이사가 바로 눈앞에까지 왔는데 원통하고 상실감이 들었다. 첫째에게 방을 만들어 사색하는 공간을, 남편에게는 새벽까지 일을 할 수 있게 공간을 만들어 주고 싶었다. 아무리 청소해도 티가 나지 않고 정돈이 안 된 집을 수납장과 창고를 이용해 재정비하고 거실을 깔끔하게 살고 싶었지만 그 희망은 사라져 버린 것이다.

집이란 곳은 단순히 자고 먹는 곳이 아니다. 집은 안식처가 되고 힐링 장소가 되어야 한다. 갖지 못할 것에 감정 낭비를 하고 있었던 것이었다. 추진력이 강한 나와 안정을 원하는 남편 사이에서 우리는 매번 부딪히게 된다. 이것을 뻔히 알고 있지만 일이 잘되지 않을 때는 속상하다. 지금으로는 돈을 더 쓰는 것 같지만 멀리 내다보면 돈을 아끼는 것인데 남편은 그것을 보지 못해 안타깝고 답답하다.

사실 아직도 남편을 이해하지 못한다. 남편은 오로지 회사 일만 하는 사람이라, 재테크와 노후 계획에 관심이 없다. 게다가 남편은 물가가 오르는 것을 두려워한다. 그러나 남편의 걱정거리와 달리 지금처럼 계속 돈을 벌어올 것이고, 회사가 사정이 안 좋다면 다른 곳으로 이직을 하면 되기에, 우리의 생활은 이어질 것이라 생각을 한다. 남편은 언제 회사에서 퇴출당할지 모르는 불안감에 사로잡혀 있다. 나는 그런 불안감을 이해하지 못한다.

왜냐하면 남편은 회사에서도 부지런하고 인정을 받는 사람이기 때문에 지금 다니는 회사가 아니더라도 다른 곳에서 불러줄 것이라고 믿기 때문이다. 보여준 모습은 성실함 자체였다. 그러다 보니 남편이 불안해하는 모습을 이해할 수가 없었다. 예전 강인하던 아버지가 연세가 드시면서 연약해지고 겁도 많아지고 힘이 없어지는 것을 봤다. 어쩌면 늘 지금처럼 지낼 것 같던 남편도 은퇴하고 나이가 들면 아버지가 그랬듯 힘겹고 연약해질 것이라 생각이 든다.

그렇기에 남편은 언제까지나 일을 할 수는 없다. 나이가 더 들어 남편의 은퇴 시기가 될 때를 대비하고 싶어졌다. 남편에게만 매달릴 수도 없고, 아이들이 커서 점점 준비할 시간이 나에게도 늘어나고 있었다. 남편은 지금은 바빠서 은퇴 이후의 삶을 계획하고 준비하지는 못하지만 나만큼은 지금부터 부지런히 대비를 해야 한다는 생각이 들었다. 남편이 집에서 보내는 시간이 많아지고, 자신이 관심이 가는 공부를 하고 활동할 때, 조금이라도 보탬이 되고 싶다. 남편이 바라보는 곳이 현재이면 나는 미래를 바라보고, 남편이 미래를 걱정하면 나는 현재에 집중하게 된다. 우리는 이렇게 다른 곳을 바라보면서 서로를 보완해 준다.

그러고 보니 나는 주변 사람들과 아이들의 마음에 공감하고 이해하도록 애쓰지만, 남편의 마음을 깊이 생각하지 않는다. 지금으로부터 가장 오래 같이 살아가야 할 사람이고 의지하고 믿어 줘야 하는 사람인 걸 그것을 잊고 있다. 그를 이해하지 못해 미안하다. 게다가 남편이 변함이 없기만을 바라고 있어서 미안하다. 처음에는 왜 저런 행동을 할까 의문을 가졌다면 이제는 행동의 원인을 알게 되고, 어떤 말을 하는지 안다. 그렇게 나와 다른 그가 내가 되어 가고, 나는 그가 되어간다. 부부란 그렇게 모르면서 인정하며 닮아가나 보다.

# 내가 안다고 착각했던
# 내 딸의 이야기

 내가 듣고 싶은 이야기가 있는가 하면 딸이 하고 싶은 이야기가 있다. 학교를 마치고 돌아오는 차 안에서 있었던 일들을 한, 두 개씩 풀어 준다. 내가 듣고 싶었던 생활 이야기를 기다리지만 첫째는 매번 다른 이야기로 보따리를 푼다. 나는 어떤 친구들과 시간을 보냈는지, 선생님과의 관계와 수업에 관해 듣길 바라지만, 첫째는 재미있었거나 지금까지 경험해 보지 못한 특별한 에피소드를 자주 이야기한다. 짧게 이야기하는 편이라, 첫째가 이야기하면 집중하며 듣는다. 학교의 생활이 한국에 비해서 재미가 없다고 하지만 힘들거나 어렵지는 않다고 하였다. 그것만 들어도 지금 잘하고 있는 것 같아서 안도감이 들었다. 딸이 생활을 잘하고 있는지, 어떤 마음을 가지고 지내고 있는지 관찰자 시점에서 바라보며 분석하고 있다.

미국에 와서 첫째에게 나의 속상한 감정을 호소하는 경우가 종종 있다. 곁에 깊은 마음을 나눌 이웃은 아직 없고, 누군가에게 마음을 이야기하고 싶지만 그들은 모두 한국에 있다. 나의 마음에 공감해 주고 말을 들어줄 이를 찾고 있었다. 첫째가 중학생이 되면서 더 어른스러워졌다고 생각했다. 그리고 딸이기에 당연히 내 말에 공감해 줄 것으로 생각하였다.

마음을 잘 읽어 주기에 친구 같은 딸이 되기를 바랐다. 하지만 첫째는 내가 곤란하거나 힘겨운 이야기를 하면 대부분 침묵을 한다. 그 순간 딸에게 무슨 말을 하는지 내가 한심해 느껴지기 시작했다. 딸이라고 해서 10살의 나이에 모든 것을 이해하고 받아들일 수는 없는 것이다. 더군다나 나이도 어린데, 엄마를 이해하고 공감해 달라고 요청한 나 자신이 부끄러웠다.

친구 같은 엄마가 되길 바라는 사람이 있지만, 나는 딸이 나의 친구가 되길 바랐다. 나는 친정 엄마와 매일 많은 이야기를 나눈다. 반복되는 이야기라도 처음 하는 것처럼 끊임없이 이어가고, 서로의 입장에 서서 잘 이해해 준다. 그래서일까 두 딸에게도 엄마와 같은 사이를 기대하고 있었다. 그러나 이제는 어긋한 나의 행동을 멈췄다. 자녀가 많이 컸다고 생각하지만 아직은 여전히 어린 애이기도 하다. 그리고 첫째는 독립적인 존재이며,

내가 아니다. 나를 닮았지만 전혀 다른 인격체인 것이다. 내가 딸을 모두 안다고 착각한 것이다.

심리 상담 공부를 하면서 아이들의 마음은 잘 크고 있는지 가끔 확인하는 시간을 갖는다. 하루는 나무 한 그루를 그리게 하고, 나무의 나이를 물었다. 일반적으로 자신의 현재 나이와 비슷한 나이를 많이 말하지만, 삶의 고난이나 힘겨움을 가진 아이의 경우 현저히 많은 나이를 말하기도 한다. 다행히도 두 딸은 자신의 나이를 말하였고, 아이들이 자신의 나이답게 살아가고 있음을 확인하였다. 매번 아이들의 자신의 속도로 잘 크고 있는지 살펴보고 힘들거나 어려움은 없는지 확인하며 안도감을 느끼게 된다.

또 하루는 컵을 그려 보라고 했다. 그 컵의 소재가 무엇인지 묻고, 컵 안에 사랑이 어느 만큼 차 있는지 물었다. 짐작하기로 첫째는 마음이 여리고, 동생에게 항상 양보하고 밀리다 보니 사랑이 아주 부족할 것이라 예상하였다. 하지만 컵의 사랑은 100%로 가득 차 있었다. 예상대로 유리로 만들어졌으며, 감정이나 일에 예민함을 나타내고 있었다. 둘째의 경우는 예상과 같이 아주 단단한 금속으로 만들어졌다. 평소 둘째가 맘이 단단하고 자기주장이 강하며, 감정 표현을 하기에 충분히 예상할 수 있었다.

 둘째의 컵의 사랑은 70%였다. 사랑이 넘칠 것으로 생각한 예상과 달리 사랑이 많이 부족했다. 사랑이 부족한 이유를 나에게 설명해 주었다. 항상 둘째에게 안아주고 하지만 한계가 있었나 보다. 남편은 둘째보다 첫째를 더 편들고 작은 실수를 한 둘째에게 화를 많이 낸다. 그래서 둘째가 결핍이 있지 않나 의심이 되었다.

 그림으로 모든 것을 판단할 수 없지만, 딸들의 마음을 알아보는 데 도움이 된다. 여리고 힘들어 보이는 첫째는 더 따뜻하고 충족된 마음을 가졌다. 둘째도 더 관심과 사랑이 필요함을 느낄 수가 있었다. 자녀에게 사랑을 가득 주고 그들이 사랑을 충분히 느끼고 커가길 바라지만 아닌 경우도 많이 생긴다. 혼자만 아이를 키워 갈 수는 없는 법이다.

 지금보다 더 상냥하고 부드럽게 아이들을 대하길 바란다. 많은 시간을 딸들과 보내 왔고, 지금도 보내고 있지만 딸들의 마음을 이해하긴 힘들다. 내가 중요하다고 여긴 것들이 아이들에게는 필요가 없을 수가 있고, 의미가 없는 것들이 아이들에게는 소중한 의미가 있을 수도 있다. 가능한 한 함께 대화하는 시간을 많이 가지며 알아가야 할 것 같다. 아이와 함께 엄마도 배우고 성장해 가야 하는 것 같다.

가끔은 두 딸에게 성인이 되고 독립해서 어떻게 살고 싶은지 물어본다. 두 딸과 나는 서로 원하는 집을 상상하며 이야기한다. 지금은 같은 공간에서 함께 살아가지만, 세 갈래의 길에서 서서 각자의 길을 걸을 준비를 하는 것이다. 딸만 독립하는 것이 아니라 엄마인 나도 독립을 해야 한다. 많은 경험을 같이하고 같은 곳을 보고 생활하지만, 목표로 하고 나가는 길이 다르기에 미래가 기대되고 설렌다. 때로는 힘든 일이 있을 때 서로의 다른 점을 이용하여 서로를 돕고 이해하고 격려해 줄 것이라 여겨진다. 10년 후 각자의 길을 걷는 모습을 상상해 본다. 두 딸이 각자의 길을 멋지게 걷고 있으리라고 믿는다. 엄마는 멀리서 지켜보며 응원할 것이다.

# 오전의 두 시간이
# 나를 변하게 만든다

 삶의 의미는 발견하는 것이 아니라 만들어 가는 것이다. 아이들이 태어나고서 하루가 길고도 길었다. 하지만, 유치원과 학교에 가면서 오전 시간이 점점 나만의 시간이 되었다. 지금은 오전 시간이 나를 성장시키고 변화를 이끄는 시간으로 자리매김하고 있다. 아이들이 유치원과 어린이집에 가게 되면 지금까지 못한 일들을 시작한다. 영어와 요리를 배우기도 하고, 요가나 발레를 잠깐 배우기도 했다. 때로는 자유 시간이 나면서 이웃을 만나서 커피를 마시고 일상을 이야기한다. 보통 온 가족 주말에 큰 마트에 가서 장을 본다. 그렇기에 평일에는 급한 식료품이나 물건만 간단히 사면 된다. 집안일도 한두 시간이면 충분히 끝낼 수 있다. 그렇기에 오전 시간이 많이 남았다. 오전 시간은 뭐할지가 고민거리였다.

모든 일이 끝나면 좋은 영상을 틀어서 본다. 내가 보는 영상은 거의 경제, 자기 계발, 심리, 교육 쪽이다. 보고 나면 몰랐던 사실을 알게 되고 뿌듯함을 느낀다. 바로 정보를 더 찾거나 작은 실천을 한다. 바로 실천을 하다 보니 일들이 자꾸 생기게 되어, 혼자 할 일들을 만들게 된다. 혼자 바빠진다. 좋은 책의 리뷰 영상을 보고 책을 구입하여 읽게 되었다. 책은 영상과 달리 굵직한 변화를 이끌어 낸다.

돈을 어떻게 모아야 할까?
딸들은 밝게 잘 크고 있는 것일까?
노후를 어떻게 대비해야 하지?
나이 들어 병에 걸려 아이들에게 부담을 주지 않을까?
아이들 대학은 어떻게 보내고 독립시키지?
갱년기가 힘들다던데 갱년기는 어떻게 보내지?

미래에 대한 설렘보다는 걱정이 많다. 걱정을 줄이기 위해서는 현재를 집중하고 몰두하면 되지만 생각이 많은 나이기에 그것을 떨쳐 버리기 쉽지가 않다. 그러면 걱정을 줄이고 미래를 대비하기 위해 해결해 보기로 했다. 실천을 이끄는 것은 바로 즉각적인 행동이다.

작은 행동이 나를 변화하게 이끈다. 조금 생각하고 행동함으로써 변화가 시작된 것이다. 곁에 있는 많은 분은 생각하고 조사만 한다. 하지만 다양한 이유로 실천하지 않는다. 지금보다 더 돈을 모은 다음에 한다, 오늘은 바빠서 못한다, 여행이 잡혀 있어서 할 수 없다, 오전에 장보고 집안일 하느라 할 시간이 없다, 지금 가진 좋은 점들을 잃기 싫어서 변화를 가질 수 없다고 한다. 모두 다양한 이유로, 이해되는 이유로 실천하지 못한다.

　변화를 하고 싶다면 지금 가진 좋은 점들을 몇 개는 포기해야 한다. 먼저 내가 가장 중요하다고 생각한 것이 무엇인지 판단을 해야 한다. 그리고 내가 실천하고 싶은 것을 실천할 수 있게 환경을 만들어야 한다. 나의 장점은 생각한 것을 바로 실천한다는 것이다. 그리고 나를 잘 알고 친한 지인에게 나의 계획을 이야기한다. 그러다 보면 이 말을 지키기 위해 더 노력하게 된다. 스스로 작은 변화를 통하여 나만의 길을 만들어 가는 것은 분명하다.

　고민만 하면 뇌는 변하지 않고 두통을 유발한다. 하지만 말로 내뱉고 행동함으로써 뇌는 당연히 해야 하는 일, 하는 일로 만드는 것 같다. 놀랍게도 자신이 실천하고 있는 모습을 보게 된다. 전업주부에게는 오전 시간을 어떻게 보내느냐가 인생의 방향을 정해 주는 것 같다. 이웃 사람들을 만나고 커피 마시고 맛

있는 요리를 먹으면서 이야기만 할 것인지, 집안일에 온종일 시간을 보낼 것인지, 아니면 자신이 좋아하는 일을 찾아서 그것을 발전시킬 것인지, 변화하기 위해 밖으로 나가서 새로운 것을 접하고 변화할 것인지 선택하는 시간이 바로 오전 시간이다. 물론 이웃을 만나고 이야기 나누다 보면 스트레스가 풀리고 좋은 정보도 얻게 된다. 하지만 이것이 과하지 않기를 바란다. 일주일이나 이주에 한 번 정도 지인이나 이웃과의 만남의 시간을 갖는다. 이것이 나에게 딱 맞다.

자신이 좋아하고 끌리는 것이 있다면 더 꾸준히 하여 자기 삶에 들어오게 만들길 희망한다. 지금 40대 초반, 고민과 생각만 하는 사람이 있고, 고민을 해결하기 위해 좋은 강연을 찾아가서 듣고, 책을 읽고, 문화 센터에서 수업을 듣는 사람이 있다. 하지만 어떤 이는 더 깊게 들어가서 실천하고 시작하기도 한다.

'이것 해서 뭐할까?' 가 아니라, '이것 하다보면 조금이라도 배우게 되고 도움이 될거야!' 라고, 접근했으면 좋겠다. 하다 보면 주위에서 좋은 기회를 주기도 하고 선물을 주기도 한다. 걷다 보면 걸어지는 것이다. 내가 적극적이고 열정적이지 않아도 괜찮다. 내가 하는 것은 내가 알고 있고, 타인의 평가나 속도는 중요하지 않다.

내일, 다음에, 나중에가 아니라 지금 당장 생각만 하지 말고 행동하면 된다. 용기를 낸 행동만이 나를 변화시킬 수 있다. 난 그렇다고 믿는다. 그리고 그렇게 하고 있다. 삶은 발견하는 것이 아니라 만들어 가는 것이기 때문이다.

요즘 50살쯤에는 어떤 모습일까? 무엇을 하고 있을까? 상상을 해 본다. 아마도 글 쓰는 심리 상담가로 살아갈 것으로 여겨진다. 딱 40살에 글쓰기와 심리 상담 공부를 시작했다. 40살 이전에는 내가 좋아하고 잘하는 것을 주로 했다. 40살 이후부터는 내가 살아가야 하는 이유, 마음이 가는 쪽으로 택한 것 같다. 심리 상담을 하면 힘들지 않아? 글을 쓰면 수입은 많아? 라고 사람들이 가장 먼저 묻는다. 사실 이 두 가지를 먼저 생각해 본 적 있지만 글과 사람의 마음에 공감한다는 것은 결과보다는 과정에서 얻는 보람과 치유의 힘이 더 크다. 내가 살아 숨 쉬고 어딘가에 필요한 사람인 것을 가장 먼저 느끼게 된다. 나의 글로 한 명이라도 공감이 되고 일상의 의미를 찾으면 되는 것이다. 심리 상담으로 내담자가 삶의 의미를 찾고, 지금보다 더 행복해질 수 있다는 희망을 발견하고, 나 혼자가 아니라는 것을 알게 된다면 성공적인 만남이 될 것이다. 그렇게 시작한 〈책 내기 프로젝트〉와 〈내 마음 상담실〉이 나를 멋진 50대, 60대, 70대 그 이후의 가치 있는 나를 만나게 해줄 것이다.

에필로그

모든 일을 마치고 조용한 시간이 되면 비로소 나를 만나는 시간을 가진다. 이곳 나무들의 끝자락부터 단풍이 들기 시작했다. 따뜻한 기온으로 여전히 무성한 나무들도 많지만, 떨어지는 낙엽을 찾아서 걸어 본다. 가을을 느끼고 걸으며 지난 일 년의 시간을 회상해 본다. 무엇 때문에 낯선 이곳으로 와서 생활하고 있는 것일까? 익숙한 곳이 아닌 새로운 곳에서 살아 보고 싶었다. 다른 경험을 해 보고 싶은 마음에 몇 년을 준비하다 보니 여기 와 있다. 꼭 이곳에 와야 한 것도 아니었지만, 몇 번의 이사를 하고, 몇 번의 도전 끝에 돌고 돌아서 이곳에 온 것이다. 처음부터 원하는 것이 다 이뤄졌다면 아마도 이런 경험을 하지 못할 것이다.

나를 힘들게 하는 것이 나를 또 살게 한다. 결혼은 모를 때 해야 한다고 한다. 그러고 보니 정말 모를 때 한 것 같다. 결혼할 나이가 되었다고 생각하였고, 친정에서도 내가 결혼할 차례였기에 하게 되었다. 아마 결혼 후 많은 것을 책임져야 하고, 아이가 태어나고 포기해야 할 것들이 이렇게 많음을 알게 되었다면 결혼을 가볍게 생각하지 않았을 것이다. 12년 사이에 많은 시련과 고통이 있었다. 하지만 다시 태어나도 나는 결혼을 선택할 것이다. 예고 없이 시련이 갑자기 찾아와 힘들지만 기쁨과 행복이 이보다 많다. 결혼 전에는 세상이 나를 중심으로 돌아갔다면 지금은 온 가족이 각자의 방향으로 돌아가고 있다. 한마디로 정신이 없다. 집중하지 않으면 놓치는 것이 많다. 지금까지 잘 극복하고 지냈듯이 앞으로도 잘 이겨 내고 견뎌 낼 것으로 믿는다.

모험과 도전을 하던 내가 어느덧 안정되고 변화를 두려워하는 사람이 되었다. 점점 두렵고 나를 둘러싼 환경이 변하지 않길 바란다. 그 변화로 겪는 어려움도 있고 상실감도 크기에 피했다. 최선을 다해 생활하고 있지만 실수가 연속되고 구멍이 난 듯 정돈이 되지 않았다. 누군가를 책임진다는 것, 내가 없으면 가족 모두가 굶고, 생활이 멈추기에 더 부담되었다. 그런 일들을 척척 해내면 더 강해지고 자존감도 커져야 하지만 반대로 약해지고 자존감도 낮아졌다. 분명 하고 있는데, 왜 하는 것이 없다고 느껴질까? 나를 잃어가는 모습을 발견하고, 혼자 있을 오전 시간에 나를 찾는 과정을 가졌다. 놀랍게도 조금씩 변화가 생기고, 예전처럼 다시 무엇인가 도전하고 실천하는 모습을 발견하게 되었다.

 아이들이 스스로 하는 것이 많아지고, 나이가 40살이 되니 지금과 다른 곳에서 살고 싶어졌다. 학창 시절, 떠나고 싶거나 새로운 도전을 하고 싶을 때는 마음껏 할 수 있었지만 지금은 큰 변화를 주기 위해서는 충분히 시간을 두고 생각해야 한다. 아이들이 초등 고학년, 중학생이 되고, 부모님이 더 연로해지시고, 남편의 이직이 힘들어지는 나이가 되면 변화할 용기가 나지 않을 것 같다. 바로 지금 아니면 용기가 나지 않을 것 같다. 조금이라도 용기가 있을 때 지금 새로운 도전을 하기로 했다.

 오랜 시간 심사숙고한 결정이기에 그렇게 따라가는 것이 맞다고 생각했다. 새로운 곳으로 떠나기로 결심하고 결정 나기까지 긴 시간이 걸렸지만, 막상 닥치니 모든 것이 차례대로 진행되었다. 아이들은 친구와의 헤어짐이 가장 슬펐지만, 가족과 함께해야 하는 것을 알기에 모든 것을 받아들였다. 적응 기간 어려움도 있었지만, 아이들은 놀랍게도 시간이 지날수록 낯선 이곳을 받아들이고 좋은 점을 찾고 즐기고 있었다.

 어느덧 1년이란 시간이 흘렀다. 세상이 바뀌고 달라지기를 바라지만 내가 달라져야 세상이 바뀌는 것을 이제야 알게 되었다. 앞을 열심히 달려가는 사람을 보면 내가 부족해 보이고, 보잘것없어 보이지만, 나의 속도대로 나의 길을 걷고 있다. 누군가 그랬다. 살아보니 60살이 가장 좋다고…….

40년 열심히 살았지만, 갖춰진 것도 없고, 들어갈 돈도 많고, 자녀는 사춘기에 접어들고, 입시를 준비해야 하기에 더 막막해진다. 나는 평소 앞날에 대해 많이 생각한다. 과정을 모르기에 어떻게 보낼지 걱정이 되었다. 그럴 때 선배들의 이야기와 조언을 찾아본다. 그러다 보면 걱정과 불안이 조금씩 사라지고, 해결 방법을 하나씩 찾게 된다. 처음으로 돌아가 하나씩 채워 가면 된다. 쉬운 일은 아니지만 잘 해낼 것이라 믿는다.

조금이라도 다르게 살아가 보고 싶은 이들이 있다면 변화를 가져 보라고 하고 싶다. 물론 지금의 안정감이 주는 편안함과 행복감이 더 크다면 굳이 변화를 가질 필요는 없다고 생각한다. 하지만 조금이라도 더 좋은 조건이 있다면 용기를 내어서 방향을 틀어보길 바란다. 우리 40대 어쩌면 모르고 사는 이들도 많고, 새로운 도전을 하고 싶어 생각하는 이들이 있고, 좋은 영상과 강연을 찾아다니는 이들도 있다. 지금 이대로 머물 것이냐? 아니면 변화하고 다르게 살아 볼 것이냐? 지금 바로 결정하고 실천해야 할 때다. 나를 변화 시킬 사람은 바로 나인 것을 잊지 말아야 한다.

　글을 마무리 지으면서 고마운 사람에게 감사의 글을 남깁니다. 안정이 될 만하면 변화를 시도하는 나를 버거워 하면서도 함께 해주는 남편, 대단하지 않은 엄마이지만 잘하고 있다고 격려해 주는 두 딸과 멀리 한국에서 지켜봐 주시는 가족에게 고맙다는 말을 전합니다. 나를 위해 기도해 주는 대학원 동기, 승희 언니에게 감사하다고 전하고 싶습니다. 나를 살리고 타인을 살리는 의미치료 심리 상담사로 살아갈 수 있게 도와준 이시형 박사님과 박상미 교수님께 제자로 살아갈 수 있도록 새로운 길을 열어 주심에 깊은 감사를 전합니다. 파란 하늘 작은 구름 위에서 막내딸 가족을 지켜봐 주시는 그리운 아버지께, 열심히 살아가야 하는 이유를 알려주심에 감사드립니다.

　'아버지, 저 이렇게 살아가면 되겠죠?'